北京兔儿爷

王连海　编著

北京工艺美术出版社

图书在版编目（CIP）数据

北京兔儿爷/王连海编著.——北京：北京工艺美术出版社，2010.9

ISBN 978-7-80526-966-5

Ⅰ.①北…　Ⅱ.①王…　Ⅲ.①风俗习惯－简介－北京市　Ⅳ.①K892.41

中国版本图书馆CIP数据核字（2010）第175402号

出 版 人：陈高潮
责任编辑：邵　华
　　　　　梁　瑶
装帧设计：印　华
责任印制：宋朝晖

北京兔儿爷

王连海　编著

出版发行	北京工艺美术出版社
地　址	北京市东城区和平里七区16号
邮　编	100013
电　话	（010）84255105（总编室）
	（010）64283627（编辑室）
	（010）64283671（发行部）
传　真	（010）64280045/84255105
网　址	www.gmcbs.cn
经　销	全国新华书店
印　刷	北京顺诚彩色印刷有限公司
开　本	710毫米×1000毫米　1/16
印　张	11.5
版　次	2010年9月第1版
印　次	2012年6月第2次印刷
印　数	3001～5000
书　号	ISBN 978-7-80526-966-5/J·866
定　价	38.00元

序

　　编写《北京兔儿爷》一书的起因，源于北京工艺美术出版社的陈高潮社长。四月的一天，陈社长率编辑来清华大学美术学院参加活动，并造访了我的办公室，见我收集了不少关于兔儿爷的资料，立刻敏锐地捕捉到了一个新选题，当即邀请我编写一本书，书中专门介绍兔儿爷。

　　陈社长认为：兔儿爷属于民间工艺美术，并且属于北京地区所特有，正符合北京工艺美术出版社的出版专长。再说，兔儿爷的文化含量深广丰厚，目前民间的认知度正呈上升趋势，且相关知识日渐增多、日渐更新，确有整理宣传的必要。另外，明年是兔年，正符合老百姓什么年爱什么的时尚风俗。因此，2011年以前出一本《北京兔儿爷》，有现实意义，也有看点。

　　受邀编写此书我深感荣幸，因为，我想给兔儿爷编一本书的愿望已经不止一天，陈社长的邀约，给了我实现夙愿的机会，也体现了出版社对作者的充分信任。我非常愿意干好这件事。

　　兔儿爷的历史少说也有380年了，它是在民间信仰习俗背景下生成的中秋节的节令玩具、神佛造像，兼工艺品。历史上兔儿爷曾出现过20来年的断档，自20世纪60年代中期至70年代末期销声匿迹，当20世纪80年代初重新出现时，则不可避免地发生了歧变。兔儿爷有了新生命的同时，也有了新的属性和新的功能，这就是本书要说明的重点，共有三个方面。

　　首先，原本的节令时限已经不再具有约束力，中秋节的风物演变为长年的风物，甚至闯进了春节的庙会，因此极易造成误会，仿佛兔儿爷本来就是春节的风物。这种变化反映了当代社会对传统文化的继承与改造。改造是进步，是进取，不可阻挡。但是，人们至少应该知道改造前的传统模样，或者记录下原本的模样和变化的轨迹。

　　其次，兔儿爷原本的功能发生了巨变。现在还有谁家的孩子在中秋节时跪拜兔儿爷呢？它那本来就不太牢固的神佛功能已经彻底让位于玩具的功能和工艺品、旅游纪念品的功能了。如今已没人再相信它是月亮神的附属神佛了。这就使兔儿爷的造型具有了更加宽泛的选择，不论怎样塑造，都没有亵渎之嫌，因此如今兔儿爷的造型更丰富、更时尚了。

最后，对于兔儿爷的起源，人们有很多的误解。很多人相信那美丽的传说就是兔儿爷真正的缘起，传说的大意是：有一年，北京城发生了瘟疫，百姓病困交加，苦不堪言。月中嫦娥派玉兔下凡，遍洒仙药，众生因此得救。人们为感谢玉兔的恩德，以泥塑像，家家供养，从此，北京诞生了兔儿爷。这传说固然生动美好，流传也广。但是，这只是传说，绝不能引为兔儿爷的起源。真实的情况是，传说源于兔儿爷，先有兔儿爷而后有传说。传说的产生寄托了群众对兔儿爷的情感，因喜爱这种玩具才编出了优美的传说。

如果能把上述三个重点讲述清楚，本书就算基本成功了。

北京工艺美术出版社的邵华女士在本书编撰过程中给予的支持和帮助也不容忽视。那种雷厉风行的作风和严谨认真的态度，是本书得以顺利出版的保障。在此，作者与读者都应该向他们致敬并致谢。

编者

2010年7月11日于回龙观

目录

兔儿爷文化漫谈

兔儿爷精品赏鉴

文化漫谈

可喜可爱兔儿爷

一、亦人亦神亦兔

北京有一种独特的泥玩具，基本形式是一尊兔首人身的彩绘泥塑，原为中秋节期间的节令风物，产生于明代晚期，传承至今，为北京以外的地区所没有。这泥玩具就是兔儿爷。

典型的兔儿爷形象为身披大红袍，头戴黄金盔，盔上斜出两耳。其面目极为俊俏可人，白脸、竖眉，两眼炯炯有神，鲜红的三瓣嘴总是抿着，两颊淡抹胭脂，态度平和，神情恬淡。兔儿爷着红袍袒右肩，露出里面的铠甲，衣服下摆为五彩"立水"，一如明代官服，又像京剧舞台上封疆大吏的戏装。脚蹬青靴，右腿又见铠甲，右肩后插一枝靠旗，左肩却没有。右手扶药杵，左手执臼，杵置臼内，作捣药状。更讲究的兔儿爷则在身后竖一柄伞盖。这样一个造型，既是文官，又是武将，亦庄亦谐的装束、神情决定了它的特殊身份：神而人，人而兔，兔而玩具。在这基本定义之下，兔儿爷衍生了千姿百态、变化丰富的品种与样式（图1、图2）。

图2

图1　兔儿爷群像
　　　胡鹏飞　作品
图2　各式各样的兔儿爷
　　　王连海　藏

关于兔儿爷较早的记载见于明代晚期。明代有位叫纪坤的人写了一本《花王阁剩稿》，这书很薄，其中收有他自己写的一首诗，题为《戏题》。他在序中写道："京师中秋节，多以泥搏兔形，衣冠踞坐如人状，儿女祀而拜之。"此诗作于崇祯三年（公元1630年），诗中所咏就是兔儿爷。【01】比这更早的记载可能还有，只是截至目前还没发现。即使以此时间计算，兔儿爷的历史至少也超过380年了。

进入清代以后，记述兔儿爷的文字更多了，屡见于文人的笔记、诗文中。此时开始称其为兔儿爷，并且它的材质也开始不限于泥，布扎、纸绘都有。这些兔儿爷堆积如小山，在街市上出售，供"小儿女"买回家去，陈列瓜果而拜之。【02】

当时的兔儿爷有"衣冠而张盖者"、有"甲胄而带纛旗者"、"骑虎者"、"默坐者"，无美不备，大的高三尺，小的高不足寸。【03】还有"金面兔儿爷"，以金粉涂面，也叫"贴金兔儿爷"。【04】

更有趣的是，那时的兔儿爷还模仿北京民俗百态做成"担担儿"的、"捣杵"的、"骑兽"的，【05】还有"顶盔束甲如将军"的、"短衫担物如小贩"的、"舞如饮酒燕乐"的，数不胜数。【06】

特别好玩的是"呱嗒嘴兔儿爷"。它的泥胎中空，里面有线，兔儿爷的嘴是后安的，与线相牵连，从下面拉动线绳，"其唇乱捣"，"呱嗒"有声。【07】这样的兔儿爷已是典型的玩具了。

这么多精彩的兔儿爷，真可谓"五彩妆颜"、"千奇百状"，每逢中秋聚集在天街月下，与月饼堆、鲜果堆、烤羊肉、"热烧刀"共同构成了老北京中秋节的热闹场面。【08】

中秋节卖兔儿爷的货摊叫做兔儿爷摊子，小贩用木板做成一阶高于一阶的架子，再铺上蓝布或黑布，依次摆上一排一排的兔儿爷，远远看去，确是一座兔儿爷山（图3）。

图3

图3 "民国"年间的兔儿爷摊子
引自傅公钺《北京旧影》

图4

对兔儿爷摊子描写最为精详的是老舍先生。他在《四世同堂》中如是说：

同时，在街上的"香艳"的果摊中间，还有多少个兔儿爷摊子，一层层地摆起粉面彩身，身后插着旗伞的兔儿爷——有大有小，都一样的漂亮工细，有的骑着老虎，有的坐着莲花，有的肩着剃头挑儿，有的背着鲜红的小木柜。这雕塑的小品给千千万万的儿童心中种下美的种子。

《四世同堂》所写的时代背景是日本侵略军占领北平之际。这一年的中秋节前，故事的主人翁祁老人看到了如下的情景：

他开始往家中走。路上，他看见两个兔儿爷摊子，都摆着许多大小不同的，五光十色的兔儿爷。在往年，他曾拉着儿子，或孙子，或重孙子，在这样的摊子前一站，就站个把钟头，去欣赏、批评和选购一两个价钱小而手工细的泥兔儿。今天，他独自由摊子前面过，他感到孤寂。同时，往年的兔儿爷摊子是与许多果摊儿立在一处的，使人看到两种不同的东西，而极快地把二者联结到一起——用鲜果供养兔子王。由于这观念的联合，人们的心中就又立刻勾出一幅美丽的、和平的、欢喜的拜月图来。[1]

……

小兔儿的确做得细致：粉脸是那么光润，眉眼是那么清秀，就是一个七十五岁的老人也没法不像小孩子那样的喜爱它。脸蛋上没有胭脂，而只在小三瓣嘴上画了一条细线，红的，上了油；两个细长白耳朵上淡淡地描着点浅红。这样，小兔儿的脸上就带出一种英俊的样子，倒好像是兔儿爷中的黄天霸似的。它的上身穿着朱红的袍，从腰以下是翠绿的叶与粉红的花，每一个叶折与花瓣都精心地染上鲜明而匀调的彩色，使绿叶红花都闪闪欲动（图4）。[2]

图4　兔儿爷腰以下是翠绿的叶
　　　与粉红的花
　　韩增启　作

1. 老舍《四世同堂》，百花文艺出版社，1979年10月版，第135页。

2. 老舍《四世同堂》，百花文艺出版社，1979年10月版，第138~139页。

老舍先生不仅是作家，也是北京民俗的专家。他所描绘的兔儿爷必是真实的写照。在这里提到了"担着剃头挑子"的兔儿爷和"背着鲜红小木柜"的兔儿爷，这种造型现在已见不到了。若有见过的老人把它们复制出来，一定非常有趣。

不仅兔儿爷本身的形象变幻莫测，它的家族也日渐兴旺。晚清以后，出现了兔儿奶奶，也就是兔儿爷的配偶（图5）。鲁迅先生曾经在《朝花夕拾·无常》中说过："凡'下等人'都有一种通病，常喜欢以己所欲，施之于人。虽是对于鬼，也不肯给他孤寂。凡有鬼神，大概总是要给他们一对一地配起来。"鲁迅所说的"下等人"是指家乡绍兴的民众。其实全国的民众都有此心性，喜欢给神佛安排配偶。兔儿爷自然逃不掉，于是兔儿奶奶出现了，形式有分身与合体两种。兔儿爷为一尊，兔儿奶奶为另一尊，是为"分身"。但两尊的规格、款式相同，装束也大致统一，只是从面部表情和衣服花纹上可辨出其性别。合体的是两位在一起，做成了一个联体的泥塑。既然有了配偶，就要生育，于是又有了"兔儿山"和"兔崽子"，形象都是小兔，一座山石上坐满了小兔，或吹奏、或打鼓，喜庆欢乐集一堂。上面还有大兔子抱着小兔子的，假设兔儿山上的兔都是兔儿爷的子女，而所抱之小兔，则应是兔儿爷的孙子，也就是"兔崽子"。

单个的小兔也叫"弹簧兔"，即将一个泥塑小兔装在金属丝做的弹簧上，稍有震动，小兔就会摇头晃脑，跳跃不止（图6）。这些"兔子山"、"弹簧兔"应属兔儿爷的延伸产物，也就是兔儿爷的系列化产品。

二、变幻多端的坐骑

兔儿爷的坐骑非常奇特，没有固定的标准，也未

图5

图5 兔儿爷与兔儿奶奶
   韩宝才 作
图6 弹簧兔
   引自张仃50年代编辑的
   《民间玩具》明信片
图7 骑黄虎的兔儿爷
   双起翔 作

图6

图7

见固定的模式，举凡一切神仙、菩萨，乃至于佛祖的坐骑和座位，好像它都有资格、有能力骑坐。从它的坐骑可知这种玩具具备了神佛的性能。

根据粗略的统计，常见的兔儿爷坐骑主要有黄虎、黑虎、红虎、白象、狮子、麒麟、梅花鹿，座位有莲花座、牡丹座、菊花座、金光洞座、宝葫芦座。当然也有什么也不骑，什么也不坐，直接站立在地上的兔儿爷。

最常见的是骑虎兔儿爷，虎有黄、黑、红之分。黄虎是根据老虎的真实颜色做成的，具有写实的意味，寓意"百兽之王"、"镇克邪恶"。《山海经》和《风俗通义》中都有记述：度朔山上有一棵大桃树，树上住着神荼和郁垒两位仙人，他们把守着百鬼出入之门，一旦发现害人的恶鬼，立即用绳索捆绑起来，送去喂老虎。由此，老虎成为专食恶鬼的神兽。中国农村的老人多给小孩制作布老虎、虎头鞋、虎头帽，端午节时还要戴"虎镇五毒"肚兜，象征着对百毒的震慑，以保护孩子的健康与安全。骑黄虎的兔儿爷就是在此意义上的延伸，让兔儿爷骑坐黄虎，镇克五毒，保护孩子（图7）。

黑虎则移植自"张天师"的坐骑。张天师即道教正一道的祖师，东汉"五斗米道"的创始人张陵，后世尊称其为"张道陵"。他曾于蜀地鹤鸣山（今四川大足）学道，创立"正一道"，入道者需纳五斗米，故称"五斗米道"。其后裔承继道法，世居龙虎山，奉张道陵为"正一天师"，民间则俗称为"张天师"。北魏时，魏明帝设天师道场，天师道正式得到了政府的认同与倡导。此后唐、宋、元历代均有册封，累至"三大天教复辅元大法师"。民间传说，张陵师从太上老君，得道后能预知未来，道彻天地，能降魔伏妖，驱神役鬼，呼风唤雨，变化无常。《西游记》中把他描写为玉皇大帝凌霄宝殿的护卫者葛、张、许、丘四大天师之一。历史上，不仅道徒奉祀天师，老百姓也信奉甚笃，逢灾遇难、生病丧亲时多到天师观中拜祷，张贴天师符，敬奉天师除邪降鬼。其塑像与画像多骑黑虎。兔儿爷骑黑虎，暗示着它具有天师般的法力（图8）。

骑红虎兔儿爷出现较晚，是在白象基础上的延伸。民间艺人以为红色更加喜庆热闹，遂有红象、红虎之制。继红象之后，又出现了少量的黑象，是受黑虎影响而出现的兔儿爷。

兔儿爷也骑狮子、骑白象，分别借自佛教的文殊菩萨与普贤菩萨。文殊是"文殊师利"的略称，是梵文的音译，意译则是"妙德"或"妙吉祥"。塑像与画像均表现为顶结五髻，手持宝剑，骑坐狮子。代表智慧锐利与智慧威猛。文殊菩萨为释迦牟尼的左胁侍，显灵说法的道场在山西五台山。普贤菩萨与文殊菩萨对称，是释迦牟尼的右胁侍，专司"理"德，显灵说法的道场在四川峨眉山，塑像与画像均骑白象。民间对二位菩萨深怀敬意，于是借来他们的坐骑，让兔儿爷骑坐。虽然不能令其具备"智慧锐利"与"理德"的法力，却也寄托着对兔儿爷的尊崇。（图9、图10）

麒麟也是兔儿爷的坐骑，源于民间"麒麟送子"的传说。晋王嘉在《拾遗记》里记述：孔子降生之前，有麒麟口吐玉书，于阙里人家，玉书上有"这里即将降生一'水精之子'，将来必定继承周朝，素世封王。"次日，孔子生。民间据此传说，以为孔子是麒麟所送，故有"麒麟送贵子"之说。[09]其实，麒麟只是古人想象中的瑞兽，在《诗经》中已出现了《麟之趾》，认为麒麟是"仁义"的象征。《广雅》中说麒麟"含仁怀义"，说它行走步履符合规矩，不践踏生物，不踩坏植物，不会落入陷阱或罗网。贤明的君主只有"动静有仪"才能见到麒麟。《管子·封禅》中说："凤凰与麒麟不出现，嘉禾谷物不生。"清雍正十二年（公元1734年）十二月初三未时，山东兖州府宁阳县真的出现了"瑞麟"，高矮大小、相貌鳞甲均历历可见，有人绘图"志瑞"，人们争相传诵。[1]凡此种种，都说明麒麟自古就是瑞兽，是注重仁义，有利国家的祥瑞之兆。因此兔儿爷骑坐麒麟，象征着吉祥、仁义与天下太平、嘉禾茂盛（图11）。

图8

图9

图10

---

1. 汪启淑《水曹清暇录》卷三，北京古籍出版社，1998年6月版，第44页。

北京兔儿爷

图11

图12

图8　骑黑虎的兔儿爷
　　　李寸松 藏
图9　骑白象的兔儿爷
　　　胡鹏飞 作
图10　骑狮子的兔儿爷
　　　胡鹏飞 作
图11　骑麒麟的兔儿爷
　　　双起翔 作
图12　骑梅花鹿兔儿爷
　　　胡鹏飞 作

骑梅花鹿的兔儿爷则具有祈祝长寿的寓意，因为梅花鹿原为老寿星的坐骑。古人认为："千年为苍鹿，又五百年为白鹿，又五百年化为玄鹿。"《宋书·符瑞志》说："夫鹿者，纯善之兽。王者孝，则白鹿见；王者明慧及下，则见。"（图12）

民间信仰中主管人间寿夭的神仙就是"寿星"，自秦汉以来，皆指南极老人星。最初，百姓认为此星掌国运兴衰，国命长短，遂立祠祭祀。东汉以后，百姓将敬老活动与祭祀老人星结合起来，于中秋之月举行。《后汉书·礼仪志》说："年始七十者，授之以玉杖，哺之糜粥。八十、九十，礼有加赐。玉杖长九尺，端以鸠为饰，鸠者不噎之鸟也，欲老人不噎。是月也，祀老人星于国都南郊老人庙。"唐代以后，人们将二十八宿中东方的角、亢二宿与南极老人星合并在一起祭祀，祈祷长寿。寿星的形象特征是"扶杖立"，以示其为老人，"杖过于人之首，且结曲有奇相"。《西游记》里的寿星形象则为"手捧灵芝飞蔼绣，长头大耳短身躯"。一般的寿星像"头每甚长"，据《南史·夷貊传》称，毗骞王身长丈二，头长三尺，自古不死。因此借其"长头"以喻长寿。兔儿爷骑坐梅花鹿，象征着人们对长寿的祈祝。

莲花座的兔儿爷形象下为仰瓣莲花，并伴有莲叶。其来源明显源于佛像。观音、释迦牟尼佛以及三世佛的造像往往以莲花为结跏趺坐之具。莲花在佛教中被视为纯洁与神圣的象征，认为莲花"出五浊世而无所染者"。莲花在印度特指睡莲，后传入中国。《尔雅》中说："荷，芙蕖……其花菡萏，其实莲，其根藕。"古代的"莲"特指荷花的果实，也称"莲房"，今称"莲蓬"。佛教中的莲则指莲花。唐代释道世《诸经要集·三宝敬佛》称："故十方诸佛，同出于淤泥之浊，三身正觉，俱坐于莲台之上。"莲台，俗称莲花座。在祭祀亡灵放焰口时，其牌位上常用"佛光接引，往生莲座"字样，即是成佛的祝福。兔儿爷本身既具有神佛的功能，是小孩子祀拜的偶像，令其如诸佛一般坐入莲花，再合理不过（图13）。

牡丹座兔儿爷是民间艺人的创意，取牡丹本为"富贵花"的含义，象征"富贵吉祥"。在数朵牡丹花头之间还要加饰绿叶或祥云。兔儿爷坐在上面，飘飘欲仙（图14）。

还有一种"金光洞兔儿爷"，即在山石中间嵌着两扇朱漆大门，门上匾额曰"金光洞"。兔儿爷即坐在这洞门之上，持杵捣药。究其来历，源自《封神演义》故事，第十三回中说，乾元山金光洞为太乙真人所居，太乙真人收哪吒为弟子，助其为先行官，兴周灭商。至今在四川省江油市郊仍有乾元山，山上真有金光洞，相传即太乙真人遗迹，已辟为名胜游览之地。"金光洞兔儿爷"即附会此处神仙，暗喻兔儿爷为道教真人，其神仙的意味愈加浓重（图15）。

纵观兔儿爷的形象，非仙即神，非佛即道，内容之丰富，变幻之奇特，实在为其他泥玩具所不及。反映了北京民间艺人对兔儿爷的喜爱和敬重，也证明了民间艺术颇为自由的创作方法。

三、兔儿爷的名称与歇后语

兔儿爷是最为通俗多用的名称，此外尚有很多别名：兔二爷、兔儿王、兔子王、兔儿像、捣药兔、金面兔、泥兔爷、泥团兔、黄沙兔、泥兔、沙兔、玉兔、兔神、蟾兔……其实说的都是同一种东西——兔儿爷。

兔儿爷的读法很有讲究，北京以外其他地方的人多读不好，读作"兔、儿、爷"，读成了三个音。正确的读法是两个音，"兔儿"与"爷"。

北京方言多用儿话音，这是北京话的特色，也是其他地方的人最难掌握的部分。到底什么地方该加儿话音？其实北京人也说不清楚，勉强概而论之，大约是大的东西不加儿话音，小东西才加。前门、鼓楼、永定河都很大，因此不用加。车门儿、小孩儿、小板凳儿都比较小，所以加儿话音。动物中的大象、老虎、

图13

图14

图15

图13　莲花座兔儿爷
　　　　胡鹏飞　作
图14　牡丹座兔儿爷
图15　金光洞兔儿爷
　　　　双起翔　作

河马、金钱豹都比较大，不加；小猫儿、小狗儿、小鸟儿都加。兔子在动物中不算大，所以加了儿话音。发音为"兔儿"，是一个分节音。

"爷"是北京人对男子的尊称，例如"老爷"、"少爷"、"老太爷"。可以按姓氏称"爷"，如"刘爷"、"马爷"、"武爷"、"温爷"，姓什么就是什么爷。也可以按照兄弟排行称"爷"，如"二爷"、"三爷"、"五爷"、"九爷"。还可以按照姓氏加排行论，如"秦三爷"、"常四爷"、"马五爷"。

兔儿爷具有神佛的功能，应用尊称，故此称其为"爷"。于是就有了两个音的读法"兔儿（tu'r）爷"。

北京的兔儿爷家喻户晓，因此派生出许多以兔儿爷为题的歇后语：

"兔儿爷的旗子——单挑"。意为单独一人做某事。因为传统兔儿爷的靠旗只有一边，故有是说。

"隔年的兔儿爷——老陈人儿"。指旧相识。因为节令一过兔儿爷就要被摔碎，很少有保存到第二年的，所以，如果见到去年的兔儿爷，就属于"老陈人"了。

"兔儿爷翻跟头——窝犄角"。意为遇到不顺利的挫折。因为兔儿爷的头顶上都有一对兔耳朵，形似犄角。

"兔儿爷过河——自身难保"。指自顾不暇。因为兔儿爷皆为泥土所制，怕水。

"兔儿爷洗澡——一摊泥"。意为极其糟糕。

"兔儿爷掏耳朵——崴泥"。崴泥是北京人的常用语，意思是事情砸了，或坏了。

"兔儿爷拍胸脯——没心没肺"。指心胸粗疏者。因兔儿爷内腔中空。

"兔儿爷打架——散摊子"。意为团体或集体解散。单独的兔儿爷不可能打架，必在兔儿爷摊子上才能打架。许多兔儿爷打架，摊子肯定搞坏了。

"八月十五的兔儿爷——得吃得喝。"意为遇到了利益丰厚的好事情。

兔子与月亮

兔儿爷产生的社会基础是人们对月神的崇拜和对月亮神话的认同。有关月亮的神话在此产生了重要作用。

月亮上的阴影实为月球表面的环形山与平原反光不同而形成的图像，阴影部分是平原，具有固定的形状。这些阴影的图形使人产生丰富的联想，于是，古人想象着月亮上存在种种事物。影响最大、流传最广的神话有三种：一是月亮上有兔子；二是月亮上既有兔子又有蟾蜍；三是月亮中有嫦娥、吴刚和桂树。

一、月亮上有兔子

最晚在春秋时期，月亮上有兔子的神话已经形成。屈原在《楚辞·天问》中说："夜光何德，死而又育？厥利维何，而顾菟在腹？"从东汉王逸注释《楚辞》始，就确认这里的"菟"是兔子："言月中有兔，何所贪利，居月之腹而顾望乎？"宋代的洪兴祖也说这里的"菟"与兔同。江苏丹阳市建山乡"金王陈村"佚名墓曾出土一件《月轮画像砖》，属南朝作品，月中可见玉兔在桂树下捣药。这形象与文献记载都证明了月亮中有兔子的神话流传很广，延续时间很长。（图16）

玉兔捣药的形象在汉代画像砖中多有出现，通常出现在西王母像中，有时甚至不止一只。如山东嘉祥县城南嘉祥村出土的《西王母玉兔云车狩猎画像》中，在西王母的座下就有两只玉兔相对持杵，捣药于臼（图17）。

西王母是神话中的女神，《穆天子传》中说：每逢吉日甲子，天子都要执白圭、玄璧拜见西王母。西王母的特点是虎齿、蓬发、戴胜、善啸。后世的文学作品多以西王母为美貌的女神。西王母御前的玉兔与月亮中的玉兔有何因果关系，尚有待日后考订。但是，玉兔出现在女神的御前这一事实自汉代已经十分盛行，也许这就是后来玉兔会出现在太阴真君御前的起源（图18）。

现在的问题是：为什么月亮中会有兔子，而不是其他动物。有人说，月影像兔子，所以月中有兔；也有人说，西王母御前有兔捣药，王母成为月神后带走了

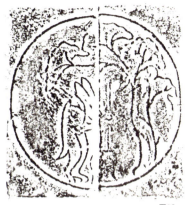

图16

图17

图18

图16　南朝月轮砖画
　　　金王陈村出土

图17　东汉西王母画像石
　　　山东嘉祥出土

图18　中华古文明大图集
　　　世风

兔子；还有人说，嫦娥奔月时抱了一只兔子，所以月中有了兔子。这些说法难以统一，众说纷纭的状态可能还会继续下去。

著名学者季羡林在《中印文化交流史》中提出了一个新的论点，认为月中有兔的神话来源于印度。他引用了《大唐西域记》中"三兽窣堵波"的故事证明此说。故事是这样的：

远古时，林野中有狐、兔、猿三种动物，虽为异类却友好相处。一天，佛祖欲检验其诚心，化身为一老人来到林野，请三兽找些食物来充饥。狐狸衔来了鲜鲤鱼；猿找来了美味的水果；只有兔子空手而回。老人认为兔子的诚心不足。兔子请狐、猿堆积柴草，并燃为烈火，对老人说："我愿意将自己充当您的美餐。"说罢跳入火中，顷刻致死。老人恢复了佛祖的本相，收拾起兔子的焦骨，感叹道："吾感其心，不泯其迹，寄之月轮，传乎后世。"因此当地的人都说，月亮中的兔子是从那时候才有的。后人在此地建立了佛塔。从此，月亮中就有了兔子。[10]此神话极有可能随最初的佛经传入了中国，但是还有其他两种神话延续时间也很长。

二、月亮里有蟾蜍和兔子

《淮南子·精神》中说："日中有踆乌，而月中有蟾蜍。"高诱注曰："踆，犹蹲也。蟾蜍，虾蟆。"他的意思是月亮里有蟾蜍，蟾蜍就是蛤蟆。《春秋演孔图》中也说："蟾蜍，月精也。"这些记述都强调了月中有蟾蜍。有关蟾蜍最通行的神话，是嫦娥奔月化为蟾蜍。《续汉书·天文志》注引张衡《灵宪》说："姮娥遂身于月，是为蟾蜍。"《初学记》引《五经通义》说："月中有兔与蟾蜍何？兔，阴也；蟾蜍，阳也。而与兔并，明阴系阳也。"这里还为二者并提出了哲学依据，认为是阴阳对立并存的结果。《太平御览》引《春秋元命苞》也说："月之为言阙也。两设蟾蜍与玉兔，阴阳双居。"此时，大家都认为月中玉兔与蟾蜍并存，而且属阴阳相系，在所必然。

图19

汉代的帛画和画像石都提供了月中既有兔子又有蟾蜍的图像。

例如马王堆一号汉墓出土的帛画，右上角绘一轮红日，左上角绘一弯新月。那一弯新月中有一只奔跳的白兔，又有一只硕大的蟾蜍，口中还衔着一枝巨大的灵芝（图19）。

画像石中两种动物并存的形象更多。例如山东嘉祥县宋山出土的《西王母公孙子都暗射颍考叔画像》中有西王母头戴华胜凭几而坐，右侧一羽翼仙人手持曲柄伞盖罩在王母头上，王母的下方右侧有玉兔捣药，左侧则是直立的蟾蜍（图20）。山东枣庄山亭区西集出土的东汉早期的《日月画像》更为集中地体现了月中

图19　西汉马王堆帛画局部
　　　　月中有兔与蟾蜍

图20

有两种动物的情景，月亮内上方是一只奔跑的玉兔，下面是仰望兔子的蟾蜍（图21）。安徽淮北市出土过一幅《月亮画像》，其中玉兔捣药于臼，左侧有蟾蜍横出（图22）。类似的画像还有很多，这些形象证明了月中兔与蟾蜍并存的神话与文献记载相符。

图21

三、嫦娥、吴刚和桂树

关于嫦娥最早的记述见于《山海经·大荒西经》，写作"常羲"，谓为帝喾之妻。《大戴礼·帝繁篇》写作"常仪"，又作"常宜"。张衡《灵宪》写作"姮娥"。自《搜神记》始作"嫦娥"。羲、仪、宜、娥在古文中发音相同。或曰，因避汉文帝"刘恒"讳而改为嫦娥。她原为后羿之妻，后羿得长生不死药，嫦娥窃而服之，遂飞升上月。此神话流传

图20　东汉西王母画像石
　　　　蟾蜍与兔并存

图21　东汉月亮画像
　　　　蟾蜍与兔并存，山东枣庄出土

图22

图23

甚广，历代文学作品、美术作品多有以嫦娥为题的佳作，通常把嫦娥作为美女的典型。民间以嫦娥为月神，说她掌管广寒宫。嫦娥的身边总有一只玉兔，为之捣药。民间祭月时多供奉嫦娥，或直接将嫦娥命名为"太阴星君"。

关于吴刚的神话最早见于晋代，到了唐代，被段成式写入《酉阳杂俎》：月中有桂树，高五百丈，树下有一人，不断砍树。砍树的人就是吴刚，西河人，学仙时犯有过失，遂谪令他伐树。树却随砍随合，永远不可砍倒。这一神话最晚在唐代已经流行。但是始终未言及吴刚与嫦娥的关系。（图23）

关于桂树，《酉阳杂俎》中说，须弥山南面有"阎扶树"，月亮经过时，阎扶树的树影投入月中，所以，月中有了桂树。科举时代以月中折桂为登科之典，常说的"蟾宫折桂"即本于此。《红楼梦》第九回："彼时黛玉在窗下对镜理妆，听宝玉说上学去，因笑道：'好！这一去，可是要蟾宫折桂了。'"

月中有兔子的神话逐渐占据了主流，蟾蜍、桂树、嫦娥等其他形象逐渐让位于兔。虽有传说继续流传，终不及兔子更为著名。原因大约是兔子的形象与功能优于其他形象。唐代以后，兔子几乎成为月亮的代称，先后出现了很多以兔比喻月亮的名词，计有：夕兔、玉兔、白兔、玄兔、老兔、西兔、冰兔、阴兔、金兔、兔轮、兔窟、兔魄、兔影、桂兔、雪兔、银兔、瑶兔、魄兔等。这些名词都是月亮的代称，足见兔子与月亮关系密切。[11]

这些传说、神话以及名词都是人们关注月亮的必然结果，同时也为后来兔儿爷的产生提供了基础。

图22　东汉月亮画像
　　　　兔与蟾蜍并存，安徽淮北出土
图23　唐月宫镜引自《中国文物定级图典》
　　　　月中有玉兔、嫦娥和蟾蜍

兔儿爷文化漫谈——兔子与月亮

19

中秋节的风俗

图24

图24　清代话本小说插图
唐明皇游月宫图

———————
1.《太平广记》引《集异记》、《仙传拾遗》，盲文出版社，1998年9月版，第144页。

农历八月十五，正值北京秋高气爽、暑热褪尽的时节。此时，瓜果上市，河塘尤绿，满街一派节日气象——中秋节来了。

中秋节、端午节和春节并称为中国的"三大节日"，旧日所说"三节两寿"即指此三节。2006年5月，中秋节被列入第一批国家级非物质文化遗产名录。2008年起，中秋节被列为国家法定节日。

一、古代中秋节

"中秋"一词，最早见于《周礼·夏官》："中秋，教治兵。"中国传统历法认为农历七、八、九三个月为秋季，八月在中间，故名中秋，也作"仲秋"。而八月十五日又在八月的中间，俗称"八月节"。此日全家团聚，又名"团圆节"，又有"拜月节"、"玩月节"、"追月节"等诸多名称，但以"中秋节"最为普及。

中秋成为固定的节日，可能在唐代，那时于中秋赏月、玩月已蔚然成风，文人雅士于中秋月下聚饮，赋诗赏月。唐人对赏月的认识可谓"曲尽其妙"。他们认为，冬天严霜太寒，夏天蒸云蔽日，均有损于赏月雅兴，唯中秋最宜。以时节而论，秋在夏后，又在冬前，八月又在秋季中间，十五又在八月中间，极为适时。按天道而论，中秋则处于寒暑均衡状态。按月亮而论，中秋正是月圆时节，此时尘埃无染，太空悠悠，月升于东林而落入西楼，人在此时肌骨疏凉，神魂清朗，是极难得的赏月良辰。[12]

唐代人赏月不仅限于文人雅士，帝王也参与此活动。唐明皇游月宫的故事流传甚广：有一年，唐明皇在宫中赏月，不觉襟怀旷荡，欲登月宫，遂宣术士叶法善上殿。法善遂施法术，陪明皇登上"广寒清虚之府"。并默记月中宫女演奏的乐谱，回宫后改编为《霓裳羽衣曲》。[1]此事纯属神话故事，但是却反映了唐时帝王也曾于中秋赏月的史实（图24）。

北宋，在东京汴梁，中秋节前夕，各家酒店开始卖新酒，并重新结络门面，扎缚彩楼"花头"，更换新

21

的酒旗画杆，市民争相入店痛饮新酒。至下午未时，家家酒店新酒售罄，不得不拽下"酒望子"，饮酒过节成为盛事。此时节，螃蟹上市，石榴、榅桲（蜜饯红果）、梨、栗子、葡萄、鲜橘上市。至中秋夜晚，贵胄之家扎结台榭，登台饮酒，民间则争占酒楼玩月。丝竹管弦，笑语欢歌满汴梁。靠近皇宫的居民，至深夜尚能遥闻宫中笙竽之声，宛若天外之音（图25）。里巷儿童，彻夜嬉戏玩耍；夜市繁华，直至天明。[13]

这样繁华欢乐的节日，并未因为宋室南迁而改变。《梦粱录》说，八月十五日是中秋节，此夜月色倍明于常时，又叫做"月夕"。金风送爽，玉露生凉，丹桂飘香，银月光满。公子王孙和富家巨室无不登危楼，临轩赏月。中等人家在亭榭中排酒设宴，弹琴鼓瑟，饮酒高歌，直至天明。至于普通人家，也要在小小月台上安排家宴，子女团圆，共酬佳节。即使贫困的陋巷人家，也不惜卖掉衣服买点酒，不肯虚度良宵。这一天的夜晚，大街之上做买卖的直至五更；赏月游人满街满市，一直到天亮不绝。这是因为官府于此日取消了宵禁。[14]

自宋以后，有关中秋节的记录可谓汗牛充栋，除史书、笔记之外，诗词、小说、神话等文学作品中也多有以中秋节为背景的情节，反映了中秋节在中国人心目中的重要位置和节日民俗的丰富多彩。全国各地的中秋节的风俗不尽相同，少数民族地区更有独特的中秋民俗活动。北京地区的中秋节风俗最终催化了兔儿爷的诞生。

二、北京中秋节

自明代永乐大帝迁都北京后，直至清末，北京均为都城，600 余年的连续建都史，使北京积淀了厚重的市井文化和宫廷文化的要素，形成了特色鲜明的"京城文化"。中秋节风俗是其重要的组成部分。明清两代中秋节最重要的民俗活动是宴饮、吃月饼、祭月、赏月、供奉兔儿爷。

图25

图25 清代《十二月令图》中的八月，宫中赏月
台北故宫博物院藏画

北京兔儿爷

22

中秋节前夕，街市搭彩棚，卖月饼、卖水果，搭兔儿爷摊子，卖兔儿爷。纸店售卖木版印刷的"月光码儿"。前三五日，通衢大市搭盖芦席大棚，内设高岸盒筐，摆满鲜果，如西瓜、桃子、石榴、梨、枣、葡萄、苹果之类。晚间于灯下望之，红绿相间，香气袭人。卖水果的人高声叫卖，一片热闹繁华。【15】

据《明宫史》称，从八月初一起，即有卖月饼者开业，市人购之，与鲜藕、水果一起相互馈赠。到了十五这一天，家家供月饼、瓜果祭月，祭后"大肆饮啖"。如果家人中有临时不在的，也要留一份给他，待回来后再吃。未吃完的月饼，仍完整收存在干燥风凉的地方，等到年底，合家分而食之，名为"团圆饼"。【16】将中秋月饼收存至年底然后分食的习俗，至清代仍存。《燕京岁时记》也说：有人将中秋月饼保存至除夕再吃，谓之"团圆饼"。这个风俗，现在已经没有了。（图 26）

老北京人称糕点店为"饽饽铺"。分"清真"与"汉教"两种。清真饽饽铺专供回民食品。中秋节前，不论清真还是汉教的饽饽铺均大量售卖月饼。著名的老字号均有自己的工坊，自制自卖。街上临时搭建的彩棚月饼摊，有的是饽饽铺本号的销售点，有的是从饽饽铺进货代销的零售摊商。《燕京岁时记》称，中秋月饼以前门大街"致美斋"所制为"京都第一"，他处皆不及此。【17】此后，著名的饽饽铺有前门"正明斋"、东四"芙蓉斋"、东四北"瑞芳斋"、西单北"毓美斋"、地安门"桂香斋"、阜成门"玉明斋"等多处。

北京中秋月饼的品种很多，分为宫样月饼、酥皮月饼、提浆月饼、广东月饼、赖皮月饼和大众月饼。宫样月饼仿照清宫御用月饼的模式，用料考究，做工精细，品价皆高。酥皮月饼也叫"翻毛月饼"，用油和面，由多层极薄的皮裹入馅料，饼皮极为酥松。提浆

图26

图26　清代妇女中秋祭月
　　　引自《吴友如画宝》

月饼是在月饼出炉之前在饼面挂一层糖色（shǎi），凸起的花纹呈现酱红的亮色。大众月饼专指"自来红"和"自来白"。自来红的馅料是白糖、核桃仁、青丝、红丝，加"冰糖子"，饼面无花，中央略凸起，印有一个红圈（图27）。自来白是什锦馅，有枣泥、豆沙、山楂、青梅和"咸瓤"多种，造型与自来红相同，饼面不印红圈。这两种月饼物美价廉，经济实惠，每十块一包，普通市民很喜欢购买，节前馈赠亲友，节日自家食用。至今，这两种月饼仍有生产，是最具北京特色的节令食品。

中秋月饼的造型也有很多花样，最多见的是用"月饼模子"磕印成的饼面带有凸起花纹的花式月饼。饼模由民间雕刻工匠完成，选用梨木或沙梨木为材料。先在木板上凿雕出月饼的外形，雕成深约2至3厘米的凹槽，凹槽的边缘可以是平的，也可以是"狗牙边"、"花瓣边"。凹槽的底面平整光滑，然后在底面上采用"阴刻浅雕"法，雕出图案。月饼饼面的图案都是凸起的，因此饼模的图案都是凹陷的；文字则需雕成反字，与刻图章相同（图28、图29、图30）。在一块木料上只雕一个月饼形的叫"单眼模"；在一块木料上雕有两个或多个月饼形的叫"双眼模"、"三眼模"、"八眼模"，最多的可达30余眼（图31、图32）。

中秋月饼多以"月宫"、"蟾兔"、"嫦娥"、"桂树"、"广寒府"等神话内容为表现题材，也有"暗八仙"、"福禄寿"、"华封三祝"、"五谷丰登"等吉祥图案。通常形象简洁，造型生动，为北京市民喜闻乐见。又有一种"肖形月饼"，是将月饼的外形做成石榴、桃子、八角、六角、葵花、四合、方胜等形状，饼面标明月饼馅的品种，如"枣泥"、"豆沙"、"五仁"、"蛋黄酥"等字样。

还有一种"套饼"，由十块大小不同的月饼叠摆成塔形。上小下大，最下面的一块直径近尺，最上面的小块直径只有一寸五分。这种套饼，在清代木版年画中可以见到。今天，除非有特别定做，一般厂家都不再制作（图33、图34）。

图27

图28

图29

图30

图27　北京大众月饼"自来红"
图28　木雕月饼模子，中间玉兔捣药，周围有琴棋书画
图29　木雕月饼模子，玉兔在月宫前捣药
图30　木雕月饼模子，嫦娥命玉兔捣药

图31

图33

图32

图34

图35

图31　木雕六眼月饼模子"暗八仙"
　　　之一
图32　木雕六眼月饼模子"暗八仙"
　　　之二
图33　用于制作"套饼"的模子
图34　木雕月饼模子，用做"套饼"
图35　陶质月饼模型

　　还有一种大红月饼，最大的五斤一个，其次是二三斤一个，最小的也要一斤一个。饼面印有"广寒宫"、"玉兔捣药"、"嫦娥奔月"或者直接印有"月光菩萨"。备有专用的支架，可以将月饼直立在支架上，饼面朝前。有些人家即以此种月饼代替"月光码儿"，供奉案上，向其行礼膜拜。月饼在这里已经替代了神像（图35）。

　　造型丰富，花样繁多的中秋月饼，在食品功能之外，又以月亮或兔子为中心，表现着人们对节日寄托的愿望。最普遍的意义是以月饼象征团圆，希望家族、亲友完满相聚，永不分离。因此，月饼也叫"团圆饼"。

祭月习俗

中秋祭月习俗是天体崇拜在民间信仰中的反映。天体崇拜在原始社会是一种普遍的存在，因为天体充满神秘性，许多现象人们无法作出解释，而天体的运动表象又与人类的生产生活关系密切。万物生长离不开太阳和雨露，天气的变化直接影响生产的实际成果。月亮的盈亏，可以提供准确的时间坐标，并在黑夜中发挥照明、指示方向的作用。因此，人类在未能了解天体运动原理时，就产生了敬畏和希望，于是形成了天体崇拜。

一、帝王祭月

月神崇拜是天体崇拜之一。殷商时期中国已经开始了对月神的祭祀，至西周，祭月已引起君王的重视，成为重要的政府行为。周天子祭月的圣坛叫做"夜明"，每年秋分之夜，周天子都要在都城的西郊举行祭月活动，仪式十分隆重。供奉猪、羊、牛为牲牢，将牲牢布柴焚烧，烟气直上云霄，以示对月神的崇敬，并感谢月神对人间的恩赐。《尚书·舜典》记载："肆类于上帝，禋于六宗。望以山川，遍于群神。"六宗包括日、月、星和海、河、岱。此时，月神已被作为天帝下属的群神之一，受到崇拜。《礼记·祭义》中说：帝王郊祭的主要内容是以祭日为主，以祭月为辅。祭日在东，祭月在西，以区别于内外，以使之保持正确的地位。[18]日月的东升西落是"致天下之和"的保障，祭月祭日就是维护这种致和。秦始皇东游海上，祭祀八神，其中第六神即"月主"，祭于莱山。[19]

帝王祭月时称月神为"月主"、"月夕"或"夜光神"，历代沿袭。祭月在秋分之时，这一天白昼与夜晚等长，从此日起，夜渐长于日，是谓阴长阳消。月亮属阴，故于此日祭月。此后，历代帝王均沿用此礼制。如唐杜佑著《通典》

图36

图36　北京月坛东门

称："大唐二分（指春分和秋分）朝日夕月于圆城东西，各用色犊。"

祭月与祭天相结合，共同礼拜，这种祭祀方法直到明代嘉靖年间才有所改变。嘉靖是一位笃信道教的皇帝，多有幸臣以撰写道教"青词"邀宠而得势者。嘉靖九年（公元1530年），决定在北京建造"月坛"，确定于秋分单独祭月（图36）。

图37

月坛初名"月夕坛"，为北京著名的"五坛八庙"之一。自嘉靖之后的明清两代帝王均于此处祭月。至今，月坛犹存，位于北京旧城西面，今南礼士路西侧。坛方广四丈，坛高四尺六寸。坛面原为白色琉璃砖，象征月亮的纯洁与明亮。内坛东南西北设四座棂星门，以汉白玉雕砌而成，今以东门最为完好（图37）。坛东北为"具服殿"，是皇帝祭月前沐浴更衣的地方，今已修葺一新，用于展览月坛史料（图38）。坛北为钟楼，用于祭礼演乐（图39）。北天门与东门和坛西的坛墙均得以保护。旧有的宰牲亭、神厨、祭品库等月坛附属建筑今已无存。月坛南面扩展为游览休闲区，设置了很多以月亮为主题的景观。月坛建筑的遗存，记录着封建王朝对月神的尊崇和重视。

图38

明代，宫中流行一种服装，服装与首饰随节日变换花样，这种服装的面料叫做"应景蟒纱"或"应景蟒罗"。在服装的面料上织出或绣出与节日相应的图案。例如，清明节，穿带有秋千图案的衣服；九月重阳节，穿带有菊花图案的衣服；端阳节，服装上有"五毒、艾虎"；八月中秋节则有"玉兔"。[20]此外，还有"满身金兔"、"满身金虎"的纱罗匹料。[21]这种文献中的记载，得到了定陵出土文物的证实。

在定陵，出土了20匹"织金妆花奔兔纱"，布上满织奔跑的玉兔，红地，金色的兔子，纬向四则，兔口衔灵芝，奔驰于行云之中，背负灵芝托。每四行一个循环，第一排灵芝托内承"团鹤"；第三排托内承"太极纹"（阴阳鱼）；第二排与第四排的兔子在奔跑中回首顾

图39

图37　棂星门东门
图38　月坛内的具服殿
图39　月坛内的钟楼

图40　定陵出土的织金妆花奔兔纱摹本
图41　定陵出土的金镶宝玉兔耳坠
图42　清代彩印月光码儿
图43　彩印月光码儿
图44　彩印广寒宫图

图40

图41

望，灵芝托内承"卐"字。奔兔形象生动活泼，充满生机。这种纱料，即是中秋节时的服装面料。（图40）

定陵孝靖皇后的棺中还出土了两枚"金镶宝玉兔"耳坠。高58毫米，黄金耳坠，下悬白玉雕刻成的玉兔捣药坠子。材质晶莹，共镶宝石七枚，兔子的眼睛用红宝石镶嵌，极为生动可爱。这耳坠，就是孝靖皇后在中秋节期间的应景首饰。（图41）

二、北京民间祭月习俗

北京老百姓祭月，以"月光码儿"为神像。月光码儿也叫"月光菩萨"、"月光纸"、"月光符"、"月光遍照菩萨"，是一种木版印刷或者手绘的菩萨造像。神像的名称也是五花八门，有的写着"太阴真君"、"太阴星君"、"太阴月光"或"月光娘娘"四字标题；也有的写"月光"、"月宫"二字标题；还有的写着"广寒宫太阴皇后星君"或"普照万方广寒宫月光菩萨"等多字标题。这种造像很不规范，构图、布局以及标题都没有固定的标准。唯一统一的内容是，主神是一位女性，多数月光码儿都有一只正在捣药的玉兔。因此可以看出，月光码儿是在民间信仰基础上生成的神像。[22]（图42、图43、图44）

图42

图43

图44

月光码儿可以单色印刷，也可以套色彩印。也有描金彩绘极为精致的作法。大的高七八尺，小的高二三尺，都在南纸店里销售。还要配上一副用高粱秆或竹条、木棍扎成的架子，类似长方形的屏风。把月光码儿贴在架子上，架子的上端插二面纸旗，一般为红绿色或黄色。[23]架子下端的两腿装有两根铁扦儿，可以直接插在土地上，让月光码儿直立。（图45、图46）

图45

祭月都在庭院中进行，露天向月行礼。除非当日阴雨，一般没有在室内祭祀的。人们在院子里向月安置月光码儿，前面放一张小桌（多用炕桌），桌上供奉香炉、蜡扦、月饼、西瓜、葡萄、藕、桃子、石榴，还有毛豆枝、鸡冠花等物。集合家人至院中，由妈妈、婆婆或女儿、媳妇主祭，点燃蜡烛，燃香三举，向月光码儿行跪拜礼后把香插在香炉里。大家散坐院中，备好酒宴，待香燃尽时，女眷再行跪拜礼，然后开始"撤供"，将所供食品搬至酒宴上，阖家尽情饮啖。宴饮直至深夜或黎明，结束后撤下月光码儿，与纸元宝、千张一并焚烧。天已破晓，这年的祭月完成。

图46

祭月的供品有很多讲究。西瓜必须切成莲花瓣形，即两半都是齿牙状。[24]用这样的西瓜供奉月神，象征着莲花座。毛豆枝就是连着秆的毛豆秧子，象征着给兔子坐骑的草料。鸡冠花形似灵芝，象征着仙草，是给兔子捣药的材料。月饼、水果都是请太阴真君和玉兔享用的食品，感谢月神对家人的恩赐和保护。俗话说"心到神知，上供人吃"，祭月后的供品全家人分而食之。若有某人不在，也要留存一份，待他回家再行享用。只有大家都吃过了供品，才算"团圆"。

图47

三、兔儿爷源于祭月习俗

北京素有"男不祭月，女不祭灶"的习俗。大约是太阴真君为女性，男子不宜祭拜；而灶君是男性，故请女子回避。男女授受不亲的观念，即使在祭拜神明时，也发挥着影响。[25][26]在这种观念的指导下，祭月都由妇女完成。孩子是由母亲照管的，跟随母亲身边，

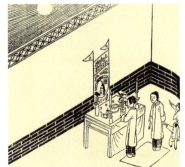
图48

北京兔儿爷

图49

图50

图51

图52

图45 单色月光码儿
图46 木版印单色月光码儿
图47 祀兔成风图
　　　引自《吴友如画宝》
图48 木版画中的祭月图
图49 祭月的场景
　　　引自《清俗纪闻》
图50 清乾隆杨柳青年画
　　　《桂序升平图》局部
图51 清乾隆杨柳青年画
　　　《桂序升平图》复制本
图52 故宫博物院旧藏"城门洞
　　　兔儿爷"

并喜欢模仿大人的行为。母亲祭月时，小孩会在旁边捣乱，妨碍祭月。母亲或父亲采取了权宜的措施，从月神造像中取出一只兔子像，交给小孩，让他在旁边"祭月"。孩子有了兔子像，就模仿母亲跪拜、供奉、焚烧，此后就有人专门为孩子制作兔子像，供他们拜月。可是，小孩在焚化造像时，等于玩火，存在着不安全的因素。于是有人想出了用泥土制作兔子像的办法，兔儿爷就这样诞生了。（图47、图48、图49）

　　清代中秋节小儿祭拜兔儿爷的情景可见于乾隆年间的杨柳青木版年画《桂序升平图》，兔儿爷高坐案上，面前供奉西瓜、石榴、桃子和月饼，两童子跪拜，一童子击磬助兴；后面又有一童子持花篮、药锄和马鞭，作舞蹈状；再后面是两童子分别吹奏笙与洞箫，节日气氛浓厚。这幅年画中描绘的情境，延续了很多年，直至20世纪50年代初，仍是北京中秋常见的景象。（图50、图51）

　　这种民间节令习俗也传入宫中，皇家也按民俗供奉兔儿爷。近人徐柯在《清稗类钞·时令类》中说：不但贵家巨室争购兔儿爷，连宫廷中也是这样。【27】故宫博物院现藏多种兔儿爷，都是皇家小儿祭月的遗物。其造型与色彩和老北京兔儿爷一样，是从市场上购进，供皇家小儿拜月的造像。高者40厘米，小的不足10厘米。有牡丹座兔儿爷、芙蓉座兔儿爷、骑鹿兔儿爷。还有一尊"城门洞兔儿爷"，极为罕见，城门楼的两翼是城墙，可见城墙外有骆驼走过。此种兔儿爷是将兔儿爷世俗化的代表作，与挑担兔儿爷、搬运兔儿爷、剃头挑子兔儿爷属于同一类（图52）。

　　兔儿爷既然为儿童专用，就不免带有玩具色彩，其娱乐游戏功能因此很鲜明。兔儿爷供奉之后，就成了玩意儿，于是出现了活动的兔儿爷，牵线操纵可使手臂活动如捣药状。后来又有了"呱嗒嘴兔儿爷"。

　　兔儿爷的玩具功能又使其增添了欢乐色彩，最终成为中秋节的标志之一。

现 在 的 兔 儿 爷

一、兔儿爷的发展变化

历经三百多年传承的兔儿爷，自 20 世纪 50 年代初开始逐渐消失。那时，政府取消了个体经营的形式，个体经营和作坊绝大部分在手工业的社会主义改造中被禁断。兔儿爷和很多民间工艺品一样在此时期消失。兔儿爷重返人间是在消失了多年后的 20 世纪 80 年代。

20 世纪 80 年代初，各种曾一度消失的传统文化产品逐渐恢复，制作兔儿爷的艺人逐年增多。除了双起翔、韩增启等老北京著名艺人之外，其他泥人作坊和艺人也都追忆往日的印象，制作出各式各样的兔儿爷。甚至很多业余爱好者也自己动手做兔儿爷。这些兔儿爷有的继承了老北京的特色，保持着古朴、喜庆的风格，各种坐骑、各种装束的兔儿爷都制作得很成功，工艺手段和原材料也遵照最原始的状态，可谓"原汁原味"。有的艺人采用了新型的材料和新工艺，兔儿爷的式样因此发生了变化，他们在继承传统兔儿爷元素的基础上，生发出无穷的创意。

（一）娃娃形的兔儿爷

吸收中国传统泥娃娃的特点，把兔儿爷做得像个小孩。头大身子小，脑袋占了全身的一半，甚至是多一半。有的浓眉大眼，有的将三瓣嘴改为小红嘴，兔儿奶奶则长睫毛，眉心加 个小红点。兔儿爷身穿红袍，脸面完全是漂亮的小娃娃样子，只有上竖的两只兔耳朵和背插的小靠旗标志着兔儿爷的身份（图53）。另有一种兔儿爷不插耳朵，把兔耳朵夸张放大为"头饰"，与头面连在一起，实际上是从头盔上生出了两只宽大的耳朵。眼睛笑眯眯的，双手合拢在胸前，略作捣药状。还有一种仿照无锡惠山"团图"做成的"团兔儿爷"，是一个近似正圆的造型。团图原为惠山泥娃娃的一个品种，寓意"一团和气"、"幸福

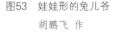

图53

图53　娃娃形的兔儿爷
　　　胡鹏飞　作

圆满"。如今这种"团兔儿爷",同样象征着团圆、和气与幸福美满。这些娃娃形的兔儿爷强调了兔儿爷固有的玩具性能,突出了可喜、可爱的造形特点,让当代的孩子们更加喜爱(图54)。

图54

(二)卡通形兔儿爷

这种兔儿爷吸收了当代国外动画片中人物、动物的造型特点,把兔儿爷做成大头、大脸的造型,骑坐在老虎的背上。老虎也是大头、大眼睛,无辜地扭头顾望,主人与坐骑共同构成了憨态可掬、天真无邪的神情。彩绘也极为简洁,以颜色块面完成服饰。最有趣的是兔儿爷胸前扎了一枚蓝色的领结,这是原有扎巾转化的新服饰。卡通形兔儿爷符合当代年轻人的审美取向,具备鲜明的时代特征(图55)。

(三)改良兔儿爷

一些艺人继承传统兔儿爷的主要元素,吸收当代审美意识,对兔儿爷做了改良性的修改。装束、头面都是老样子,坐骑却改为国宝大熊猫,或者是一只正面的大老虎。熊猫是中国的国宝,从独有生物的角度代表着中国,在对外交流中发挥着重要作用。让兔儿爷骑坐熊猫,体现了艺人们向世界展示中国传统文化和北京传统文化的自觉意识,这是一个创举。(图56、图57)

图55

近年来,又出现了一种"青花兔儿爷"。青花是创始于元代的白地蓝花瓷器,清丽高雅的气韵一直为世界所瞩目。近几年,古代青花和当代高档青花瓷器身价倍增,人们对青花又有了新的认识。北京创出"青花二锅头酒"的品牌,连周杰伦的歌曲也以"青花瓷"命名。由此,出现了青花兔儿爷。材料还是泥土,制作方法也一如既往。只是表面的彩绘全部模仿青花瓷的色彩,选取深浅不同的蓝色勾描纹样,总体效果酷似青花瓷。预计不久的将来,就会有真正的青花瓷兔儿爷面世。青花兔儿爷的出现是艺人们借鉴其他工艺努力创新的成果(图58)。

图54 借鉴传统兔儿爷做成的娃娃形
　　　兔儿爷
　　　胡鹏飞 作
图55 卡通形兔儿爷
　　　胡同张 作品
图56 骑熊猫兔儿爷
　　　林爱幸 作
图57 正面老虎头兔儿爷
　　　胡鹏飞 作
图58 仿青花瓷兔儿爷
图59 八旗兔儿爷
　　　张毓隽 作

北京兔儿爷

图56

图57

图58

（四）八旗兔儿爷

"八旗兔儿爷"是由"胡同张老北京民间艺术馆"馆长张毓隽，取清代八旗军队的装束做成的兔儿爷。一套八个，纸盒精装，令人耳目一新（图59）。

八旗制度为满族首领努尔哈赤创建，在统一女真族时逐步形成。明万历二十九年（公元1601年），努尔哈赤创建正黄、正白、正红、正蓝四旗。各旗均以旗色为号，兼有军事、行政、生产三项职能，后来演变为兵籍编制。万历四十三年（公元1615年），增加镶黄、镶白、镶红、镶蓝四旗，合称为八旗。其中，镶黄、正黄、正白为"上三旗"，也称"内府三旗"，清初为直属亲军，其余各部为"下五旗"。此外，又将清治下的蒙古族、汉族军队编为"蒙古八旗"和"汉八旗"，合称二十四旗。今天，北京海淀区内，尚有正红旗、正白旗、镶红旗、镶白旗、蓝旗营等地名，相传曾为当年各旗的驻地。凡被编入旗籍的人，均称为"旗人"或"旗下人"。后来，"旗人"这一称呼就成为对旗籍人的泛称。至今，北京仍有很多"在旗"的市民，都是旗籍人的后裔。

八旗兔儿爷，按照八旗的服饰和旗色制成，从靠旗上可以识别旗籍。这种兔儿爷有两项含义，一是注重体现老北京的风范，北京人没有不知道八旗的，八

图59

旗兔儿爷以工艺品的形式，完成了"这里是北京"的
主题。二是体现"皇家气派"，北京自金代建都至清末，
有850年的建都史。历代宫廷艺术深刻地影响着北京民
间工艺美术的创作，很多民间工艺都带有鲜明的宫廷色
彩，这是不容回避的史实。八旗兔儿爷集中体现了这一
特点，用最民间的形式，展示了皇家的气象。

张毓隽还做了一尊高2.5米的兔儿爷，以玻璃钢为
基本材料。其装束一如京剧舞台上的武将，正身直立，
头戴金盔，肩披铠甲，左手叉腰，右手持药杵，四硬靠
旗，威武庄严。这尊兔儿爷陈列在"胡同张老北京民间
艺术馆"内，凡参观者无不惊讶其体量之大，被誉为全
国最大的兔儿爷（图60）。

（五）其他新型兔儿爷

纸兔儿爷是新近出现的品种，类似不倒翁。底下
是黄泥做的半球形底托，上面用纸糊成直立的兔儿爷，
纹饰是用丝网版印刷的。由于上轻下重，推倒后会自
动立起来，玩具的性能极为突出（图61）。

北京著名"曹氏风筝"的第三代传人孔炳彰更有
创新意识，他把兔儿爷画在了风筝上，制作了"风筝
兔儿爷"。这是一个硬拍子风筝，牡丹花丛中端坐着
一个兔儿爷。他充分调动了风筝的表现能力，简直就是
一幅精美的工笔画（图62）。

新型兔儿爷还有一个共同的特点：都用双靠旗或者
四靠旗，即装两面小旗或四面小旗。其实，传统的兔儿
爷都是单靠旗，即只有一面靠旗，从兔儿爷的左肩斜出。
兔儿爷在传统观念中是一个喜剧角色，带有滑稽色彩。
在京剧舞台上，兔儿爷只插一面靠旗，以增强喜剧效果。
再说，兔儿爷本身也不是正神，比一般武将、神佛的地
位要低，不可同日而语，所以它的靠旗就成了单靠。现
在的双靠抑或四靠，都是当代兔儿爷的新变化，主要是
为了好看。

又有泥塑艺人将兔儿爷与传统"摇鼓"相结合，创制出
"摇鼓兔儿爷"，一摇动，小兔儿爷就会旋转发声（图63）。

图60

图61

图62

北京兔儿爷

图60 玻璃钢兔儿爷
　　高2.5米　张毓隽 作
图61 纸糊的不倒翁兔儿爷
　　张毓隽 作
图62 画在风筝上的兔儿爷
　　孔炳彰 作
图63 摇鼓兔儿爷
　　胡鹏飞 作

图63

上述的新型兔儿爷，都从不同的角度反映了北京人当代的生活，带有鲜明的21世纪的特征。新式兔儿爷的出现是社会繁荣兴旺的标志，尽管有些北京老人看到新式兔儿爷后摇头叹气，不屑一顾，认为这是对传统兔儿爷的误解，是对传统的背叛，却不能阻挡新式兔儿爷的发展与繁荣，兔儿爷在新时期开始了新的历程。

纵观兔儿爷的发展历史，总在不断创新中生存传承。第一个制作兔儿爷的人就是为了满足小孩祭月的需要，此后不断根据民众的需要增加新的内容，改进新形式，"呱嗒嘴兔儿爷"、"挑担兔儿爷"、"搬运兔儿爷"、"城门洞兔儿爷"都在关注北京生活的同时，彰显着时代的特征。因此，这种民间工艺品对现实生活的关注，才是其发展的真正动力。

二、兔儿爷的市场

已经说过，明清两代至"民国"年间的兔儿爷都在兔儿爷摊子上出售。中秋节前夕，街头巷尾就会出现很多临时搭建的货摊。有的摊主就是艺人，卖的货都是自己制作的；有的摊主是小商贩，卖的货都是趸来的。这些货摊专售兔儿爷，不卖别的东西，节令性极强，中秋过后，再无踪影。

"民国"年间至20世纪50年代初，北京集中出产兔儿爷的地方即是今天的朝阳区垂杨柳。那时，广渠门外以东属南城郊外，有一个小镇名叫垂杨柳，周边是农田，农田中有几处的黄土特别细腻柔润，适宜制作泥玩具。镇上居民多为农户，种菜为主，种粮为辅。因为经常进城卖菜，看到城里人喜欢兔儿爷，就取本地黄土尝试模仿，渐成气候。农闲时做泥坯，做好就贮藏起来，至农历七月，取出泥坯子上底色、施彩绘，至八月初投放京城市场。城里的小商贩得知垂杨柳出产兔儿爷，就来趸货，于是这里成了兔儿爷的批发市场。现在，老人们回忆起当年的往事时，常说"垂杨柳就是当年的兔儿爷一条街"。

20世纪80年代以后，民间虽然恢复了兔儿爷的生产制作，但是那节令市场的销售方式却一去不复返了，再也见不到中秋节的兔儿爷摊子。市场依据需求而形成，既然中秋兔儿爷祭月的习俗已经消失，兔儿爷摊子的消失就成为必然了。

新的兔儿爷市场以工艺品销售点、旅游景点为主，在北京的东安市场、成贤街、百荣市场、红桥市场等综合购物中心、大卖场的工艺品销售柜台都有兔儿爷出售。北京故宫、南锣鼓巷、琉璃厂文化街、新前门大街、什刹海周边等名胜景点，也都有兔儿爷出售。相对集中的是专营传统工艺品的专业小店，如"盛唐轩"、"胡同张"。总之，现在的兔儿爷已经和泥人、玩具、室内陈设摆件、旅游纪念品一样，在商店中出售了。（图64、图65、图66）

值得注意的是，兔儿爷的节令特性正受到挑战，随着它在工艺美术领域和旅游纪念品中地位的提高，生产规模不断扩大，一年四季都可以买到兔儿爷。2007年春节，北京东岳庙春节庙会上出现了一个巨大的"兔儿爷山"，用数百只兔儿爷层层排列成金字塔形，蔚为壮观，吸引了不少市民（图67）。接着，在2008年的各个庙会上都出现了销售兔儿爷的摊点，兔儿爷正在成为不受节令约束的旅游工艺品。正是这种打破传统节令习俗的销售形式，给年轻人造成了对兔儿爷的误解。很多人认为，兔儿爷就是春节的节令商品，是"吉祥兔"。他们没有经历过早年的中秋祭月、中秋拜兔儿爷的生活，根据观察得出了错误的结论。但是，现在兔儿爷的非节令属性，有可能使这种误解成为事实。将来的兔儿爷，可能只是一个吉祥物。

现在还有一种销售方式，即将兔儿爷放在月饼盒里，作为礼品馈赠老年人。理由是，只有老年人才懂得兔儿爷的节令意义。北京某单位的工会，在中秋节慰问老干部时，特意订制200枚彩塑兔儿爷，分别放在月饼盒子里，与月饼一起赠送给离退休的老同志，受到老同志的好评。这种形式是新时期兔儿爷的新功

图64

图65

图66

图67

图64　北京盛唐轩门脸，门前摆放着大兔儿爷

图65　吉兔坊的展台进入2010年6月农民艺术节的展示大厅

图66　庙会上销售兔儿爷的货摊

图67　2007年春节出现在东岳庙的兔儿爷山

图68　稻香村的月饼包装盒上印有新式兔儿爷

图69　稻香村的月饼包装盒上印有四个兔儿爷

图70　中秋节前稻香村连锁店内的兔儿爷山

图71　稻香村月饼货摊中摆放的兔儿爷山

能。过去，兔儿爷都是小孩的玩意儿，如今却成为老年人的爱物。因为现在的老年人正是当年的小孩，兔儿爷能唤起他们对儿时的回忆。（图68、图69）

2008年，北京"稻香村"食品店推出了"中秋节兔儿爷山"的新举措。总店订作了许多彩塑兔儿爷，分别发放给各个分店。从农历七月初开始所有稻香村的连锁店里都出现了一个由数十尊兔儿爷组成的小山，各种形态的兔儿爷一应俱全，招惹得儿童围观品评。因为这里的兔儿爷都不出售，导致小孩偷拿了不少兔儿爷的耳朵。这一举措，不仅促进了月饼的销售，更重要的是恢复了传统的节令习俗，让很多不了解传统节日的北京人开始关注中秋节，开始了解传统的节令习俗。稻香村在弘扬传统文化方面做了一件好事。（图70、图71）

图68

图69

图70

图71

制作兔儿爷的名家

老北京泥玩具艺人队伍曾经很强大，多为贫苦市民。泥玩具的生产成本低，周期短，无资本的穷人多选此为生，但此业的收益也十分微薄，因此，许多人看不起捏泥人这一行业。清末，愈来愈多的八旗子弟沦为庶民，无谋生手段，遂致力于玩具制作以谋生路。明清时期的知名艺人已无从查考，已知"民国"年间北京城李荣山捏泥人最为著名，被誉为"泥人圣手"。凡是制作泥人的艺人，没有不做兔儿爷的。兔儿爷的名家也就是北京泥人的名家。当代北京制作兔儿爷的名家有韩增启、双起翔、胡鹏飞、林爱幸、韩宝才等。

一、韩增启

韩增启（1935~1999 年），著名泥玩具艺人，蒙古族，北京人，韩氏泥人第三代传人（图 72）。其祖父始创韩氏泥人，其父韩明顺得其家传，在东安市场"德顺祥"耍货铺从事泥玩具创作，使韩家的泥人逐渐享誉京城。韩增启自幼随其父学做泥玩具，深得老北京泥人精髓。他 14 岁失怙，家境维艰，无力读书，以卖青菜、卖白薯为生。他的家邻近崇文门外花市大街，当年花市是北京著名的绒、绢、纸花和玉器、料器等工艺品的集散地。韩增启在此观摩各种北京工艺品的造型，耳濡目染受益良多。并在花市出售自制泥玩具，本小利微，不足度日，唯逢年过节生意较为兴旺。20 世纪 50 年代，韩增启进入北京"彩塑合作社"，负责彩塑设计与制作。1970 年，彩塑厂并入金属工艺品厂，韩增启在该厂担任模型设计。多年以造型设计工作为主，对泥人的造型设计不无补益。韩增启生性内向忠厚，少言寡语，常年潜心做活。1986 年退休，重操旧业，专心制作泥人，进入平生创作的辉煌时期。此间他的作品极多、极好，且极具代表性，被中国美术馆、中央工艺美术学院、首都博物馆、北京工业大学艺术设计学院等多家艺术单位收藏，民间收藏家也以获得韩增启作品为荣。20 世纪 80 年代中期，韩增启声名卓著，许多收藏家欲订他的泥人而不得，达到了"一作难求"的程度，"韩氏泥人"

图72

图72　韩增启正在制作泥玩具　1985年

的名声愈来愈大。韩增启注重传统，自觉维护老北京泥玩具特色，创作勤奋，从艺刻苦，不畏辛劳，专心敬业，再忙再累也一丝不苟，终因积劳成疾，身体衰弱，在艺术创作达到高峰时不幸辞世，年仅64岁。

韩增启出生、成长在北京城，对老北京事物多有感悟。他曾经饱尝贫困之苦，对下层百姓的生活最为关注，日常所见所闻皆可进入他的创作题材。他制作的老北京兔儿爷、兔儿山，堪称北京泥玩具中的绝品。

韩增启的兔儿爷分为三种，一种是单片模，另一种是双片模，还有一种是手捏成型。

单片模的兔儿爷是小型的或微型的，只用一片模翻印出兔儿爷的前脸，后背用手捏出凸起即成。双片模就是最常见的前后两片模，合为一个立体型腔。这两种模印兔儿爷，都在出模后用工具再行加工，因此与众不同，兔儿爷的脸面、身上的铠甲、坐下的老虎都起伏高鼓，如雕似刻。韩增启的兔儿爷还有一个特点：底座高。每个兔儿爷的下面都有一段立柱般的加长，荷花座兔儿爷最明显，在略见收煞的底座上涂染了浅蓝色，象征着水面或水波。底座的加高，正如蜡烛台的立柱能使灯碗提升一样，提升了兔儿爷的位置，更适宜摆在桌上供奉，于瓜果月饼丛中独显兔神的风采（图73）。

手捏兔儿爷现在见不到了，不用模具，完全用手捏成，可表现造型复杂的兔儿爷。手捏的兔子山最为精彩，山石、小兔、荷叶、荷花以及小兔的道具全部由手捏成型，灵活多变，生动有趣。韩增启的兔儿爷除造型精准之外，彩绘手法也非常高明，用色考究，搭配合理，以少胜多。总要在鲜亮的色彩中加上少量的黑色或深色，用以"提神"。这些制作精湛的兔儿爷也成为收藏家、爱好者及美术专业机构的珍贵收藏。

图73

二、双起翔

北京泥人艺术的另一位代表人物是双起翔。他于1931年出生，满族，北京人。他自幼喜爱民间艺术，家住在崇文门外，邻近蟠桃宫，每年蟠桃宫庙会上的泥

图73　韩增启工作照　1990年

人、陶模子摊都深深地吸引着双起翔。他买了陶模子、泥人后总是爱不释手，跑到护城河边挖取淤泥，仿制这些泥玩具。14岁起双起翔正式拜舅舅"泥人圣手"李荣山为师，学徒3年。又在东安市场"德顺祥"学徒3年。出师后，自立门户开始制作泥脸谱，卖给东安市场耍货铺。1957年以后，双起翔进入西城模具厂。1961年，模具厂与彩塑厂合并，双起翔分配在"脸谱"车间，负责设计脸谱。后来，彩塑厂撤销，并入金属工艺厂，双起翔在该厂担任车间主任。1983年，双起翔退休后开始经营脸谱、泥人和兔儿爷。1994年，双起翔应邀赴新加坡访问，并举办"双起翔大师京剧脸谱特展"。2005年，他被中国艺术研究院聘为"民间艺术创作研究员"。2006年，他被评定为"中国工艺美术大师"（图74）。

20世纪80年代，双起翔开始恢复兔儿爷的制作。他凭借着年轻时候的记忆和相关的照片，做出了20世纪80年代第一个兔儿爷。那是一个按照北京故宫旧藏做成的兔儿爷。接着他就按照记忆和相关的照片，做出了骑黄虎、骑黑虎、骑麒麟、骑白象、金光洞、莲花座等各式兔儿爷。通过征求北京老年人的意见，对兔儿爷不断修改、不断完善，这些作品一经投产立刻受到北京人的欢迎，随即涌现出一批做兔儿爷的艺人。北京的兔儿爷逐渐多起来，旧日的风物重新得到了恢复。今天，北京的兔儿爷很多，但是，人们不应该忘记，使兔儿爷得到恢复的是这位老北京泥玩具的传人——双起翔。

双起翔的兔儿爷，胎体极轻、极薄。用两片模子翻印成型，在泥土里添加了特殊的材料，使兔儿爷轻捷而结实。造型与彩绘都在老北京式样的基础上，增强了装饰感、程式感，因此显得很规范，很庄重。

双起翔除了制作兔儿爷、大脸谱以外，举凡见过的北京泥玩具都能做，都会做。泥娃娃、泥马、泥鸟等都是他经常探索的课题。他始终都在摸索创新的途径，要把老式的泥玩具复制出来，发展下去。

图74

图74　双起翔工作照　2002年

三、胡鹏飞

胡鹏飞不是北京人，他1982年出生在陕西著名的民间美术之乡凤翔县。凤翔的民间泥塑起源于明代晚期，流传至今依然兴旺，代表作是彩塑大坐虎和大挂虎，色泽鲜艳，造型古朴，享誉海内外。凤翔南小里的木板年画也久负盛名，社火马勺、刺绣、香包、布贴画等民间工艺美术品都在凤翔取得了辉煌的成就。胡鹏飞自幼受到家乡民间美术的熏陶，奠定了民族化的审美志趣。上小学时，他喜爱美术，尤善国画。长大后，追随爷爷参与民间彩塑的制作。凤翔彩塑的基本制作方法与造型、色彩的特征，都在胡鹏飞的心中打下了深刻的烙印。除了帮助爷爷制作泥塑之外，他还曾画过社火马勺，也画过"寿材"，即在棺材上描绘图案。十几岁的时候，胡鹏飞跟随叔叔胡正华为寺院塑佛像。胡正华的彩塑技艺在凤翔地区小有名气，经常受邀为寺院塑制佛像。胡鹏飞跟着叔叔奔走于山西、河北、辽宁、陕西各地。刚开始的时候胡鹏飞只做杂活，慢慢地学会了彩塑技法，可以上架子干活了。他认真领悟了彩塑佛像的塑形、上色及基本构成。民间艺人塑制佛像没有图纸、没有小样，全凭心里的记忆，需要调动已有的积累，随机应变。在这段时间里，胡鹏飞所受的锻炼和所积累的经验都为后来制作彩塑泥玩具打下了基础。年轻的胡鹏飞已经从事过很多不同的行当，但都没有离开民间美术的范畴（图75）。2001年，他来到北京，在通州大运河边上租了间民房，用北京的泥土制作凤翔泥塑。他从老家带来了爷爷做的"子"，用这些"子"翻模子、印坯子。再经打底、上色制作出的挂虎、坐虎跟在老家制作的一模一样。他把这些作品拿到北京五棵松工艺品销售部试销，很受欢迎，北京人都以为这是从凤翔运来的彩塑。作品有了销路，胡鹏飞有了信心。他在高碑店"华夏民俗园"租了房子，这房子既是工坊又是展厅。他还从老家请来了几个年轻伙伴，大家一起制作泥塑，渐渐他在京城站稳了脚跟（图76）。

图75

图76

图75　"吉兔坊"创始人胡鹏飞
图76　胡鹏飞工作照　2010年

北京兔儿爷

2006 年，胡鹏飞了解到北京人十分喜欢兔儿爷，便开始尝试制作兔儿爷，这一尝试开辟了新的创作途径，越做越多，一发不可收。2007 年，他为北京民俗学会所在的东岳庙制作了数百个兔儿爷，组成了一座兔子山，引起了媒体的关注，并且唤起了北京的年轻人对兔儿爷的重新认识。很多不知兔儿爷为何物的人开始了解它的身世，追究它的历史，关心它的民俗含义。2009 年元月 23 日，《北京日报》副刊登载了一整版胡鹏飞的艺术事迹，题目是《让兔儿爷在北京火起来》。尽管，现在还有很多人对兔儿爷存在着误解，也有人对兔儿爷做出了新的解释，赋予它新的含义，但毕竟兔儿爷在北京越来越多，真的火起来了。胡鹏飞在这一过程中发挥了至关重要的作用。

胡鹏飞的兔儿爷可分为两大类，一类是继承老北京传统风格的经典兔儿爷，骑黑虎、骑黄虎、骑白象、骑麒麟、牡丹座、莲花座，个个兔首人身，扎靠披红，令人记起旧日的中秋节。这些传统兔儿爷在胡鹏飞的笔下增添了喜气。传统的兔儿爷表情凝重，不哭不笑，保持着仙佛的矜持。胡鹏飞制作的兔儿爷改变了它们的神情，颜面增添了笑意，细眼微弯，抿着笑嘴，一副忍俊不禁的样子。另一类兔儿爷则借鉴当代雕塑元素完全改变了传统风范，做成了卡通式的新兔儿爷。它的容颜喜庆，笑意不禁，两只大耳朵紧贴在头上，不用再装小耳朵。虽然，这种设计为老北京人所不屑，老年人觉得这种兔儿爷已经不是兔儿爷了，但是，却受到年轻人的欢迎，他们认为，兔儿爷在 21 世纪应该是这个样子。

胡鹏飞经常做市场调查，在庙会上、展览会上与年轻人聊天，了解他们的喜好，把握当代青年的审美需求，这些信息成为他创作的参考。他还把兔儿爷的形象引入了"摇鼓"，将摇鼓做成了兔儿爷的形状。为了区分兔儿爷与凤翔泥塑的界限，他又注册了"吉兔坊"商标，专门用于兔儿爷系列的产品（图 77）。秦川商标与吉兔坊商标的出现，体现着年轻的民间艺术家自觉的维权意识和经营策略。一个来自陕西的民间艺

图77

图77 胡鹏飞创建的吉兔坊的匾额

人能在北京立住脚，并开发利用北京的传统资源，发展民间艺术，这是一个令人深思的现象。

胡鹏飞的创作理念是"民间美术必须创新，不创新就没有出路"。这种大胆的思路代表着当今新一代民间艺人的创作观念。其实，包括兔儿爷在内的北京民间泥塑历史发展的轨迹都是不断创新的过程，只有在继承创新的道路上才能走向永远。

四、林爱幸

林爱幸，女，1969 年出生，北京人。其父是美术老师，林爱幸从小受到父亲的影响，对中国传统美术和工艺美术产生了浓厚的兴趣，学习绘画的同时自己还制作剪纸、刺绣、彩塑等工艺品。20 岁时，她进入当时的"北京泥人张博古陶艺厂"，负责仿古兵马俑、仿古唐三彩等多种雕塑艺术的设计与制作。通过这些实践，林爱幸逐步加深了对中国传统彩塑艺术的理解，并练就了扎实的基本功。1990~1992 年，她跟随彩塑师傅赴河北永年县，为当地寺院塑造神佛。先后参与"赵惠灵王"、"东岳大帝"、"黄飞虎"等大型神像的设计与塑制。此间她掌握了中国传统造像的造型规律和彩绘特点，为她的彩塑生涯奠定了坚实的基础。从河北回到北京以后，林爱幸开始尝试制作北京泥塑京剧脸谱，并结识了双起翔大师。自 2004 年起跟随双起翔学习脸谱、兔儿爷等北京彩塑的基本要领。2007 年 11 月，由北京玩具协会等单位共同主持，举行了"双起翔大师收徒仪式"，从此，林爱幸正式拜双起翔为老师。(图 78)

图78

林爱幸属于北京地区年轻的彩塑艺术家。她学习勤奋，心灵手巧。她设计制作的大脸谱、兔儿爷等作品都继承了老北京的传统风格，保持着老北京的特色。她在2009年制作了大型兔儿爷，在传统兔儿爷的基础上吸收了寺院神佛造像的特点，让这种兔儿爷的传统彩塑特征更为鲜明。她在继承双老所作骑虎兔儿爷、骑象兔儿爷的基础上，独出心裁地设计了"骑熊猫兔儿爷"。兔

图78　林爱幸为新做的兔儿爷上色

儿爷的坐骑本来就来自各种神佛和民间的吉祥纹样，随意性较强。林爱幸认为：熊猫是中国独有的国宝，也是中国的符号，让熊猫与兔儿爷结合在一起更能集中体现中国的特色，这种兔儿爷受到年轻人的喜爱。

林爱幸对传统的民间雕塑工艺非常重视，对于老北京的泥人、脸谱、兔儿爷都有深刻的理解，所以才能不断创作出新的作品。林爱幸勇于进取、与时俱进的精神，代表着新一代民间艺人的特点。有这样一批新型艺人，北京的传统玩具和悠久文化就有了发展传承的希望。

五、韩宝才

韩宝才是韩增启的儿子，1963 年出生，韩氏泥人的第四代传人。韩宝才自上中学开始从父学艺。开始时以学习彩绘为主，父亲捏胎，儿子上彩。逐渐熟悉韩氏泥人特点后，韩宝才开始上手捏制泥人，深得韩增启真传。初中毕业后，韩宝才考上北京中等专科学校的玉雕专业，在校期间学习了立体造型基本原理，并坚持泥人创作。韩宝才在作品中维护了韩氏泥人的基本风格，并有所创新。为了突显北京泥人的特色，韩宝才研究北京老式民居的门楼、影壁、院墙和建筑结构，将这些建筑做成泥塑，充当泥人的背景。作品以老北京民俗事象为主创题材，对卖糖葫芦的、卖风筝的、卖扑扑噔的、算卦的、摔跤的、遛鸟的等各行当和市民活动均有表现。虽然韩氏泥人为一脉单传，但毕竟后继有人，令人欣慰（图 79）。

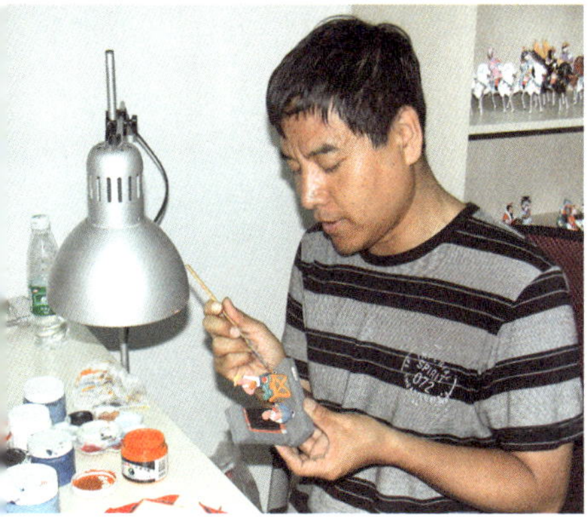

韩宝才制作的兔儿爷，继承了韩氏泥人的特点，也保持着老北京的传统风格。有骑黄虎的、骑黑虎的、骑麒麟的、骑白象的各种传统样式，还有双身的"兔儿爷兔儿奶奶"。韩宝才的双身兔儿爷是把一对兔儿爷做在一起，加长了老虎的身体，两位兔骑一只虎，趣味性更强了。彩绘的特点是简洁明快，很像韩增启的风格。韩宝才也注重创新，将兔儿爷的脸面做成了笑眯眯的样子，以适应当代年轻人的审美要求。

图79

图79　韩宝才工作照

47

怎么制作兔儿爷

图80

北京兔儿爷的制作手法可分三大类：一是完全手捏成型，不用模具。旧日多有捏泥人的艺人，手工捏制兔儿爷。二是模印成型，用模具翻印出泥胎，有单片模、双片模、多片模之分。此法最为多用，至今仍是制作兔儿爷的主要手段。三是半捏半印成型，有些部件用模印成型，另外的部件手捏成型，最后组装在一起。此法多用手捏兔子耳朵，然后插在兔儿爷头上。

模印成型的兔儿爷工艺从"寻泥"到"装饰"共分十个步骤。

一、寻泥

旧日制作泥玩具的黄泥都来自北京城外的田野，在河道、坡地、农田中都能找到适合制作泥玩具的黄土。现在要找到黄土已经不像以前那么容易了。近二十年的北京城，变化极大，到处都建起了高楼大厦，早已实现了"黄土不见天"的规划。过去的护城河、菜地、黄土岗都不见了踪影，人们只能到建筑工地上找土。盖楼房或修建马路时，要挖很深的地基，挖出来的土随着地层结构的变化，就有可能出现适合泥塑的泥土。挑选泥土要看成色，并揉捏、品尝。其中品尝一法不易掌握，需捏一撮泥土放进嘴里，判定颗粒的大小和粗细。有经验的艺人一旦发现好土，就会尽量多地贮藏起来备用。现在，又出现了专门开发泥土的行业，在北京的郊区县，工人们将适合泥塑的黄土经研磨、过滤加工成细腻均匀的"陶塑土"，专供泥塑艺术家使用。

二、澄泥

"澄"字是多音字，北京人总读作"邓"，不读"成"。例如"澄浆"，北京人读为"邓浆"，不读"成浆"。这种读法很生动，带有鲜明的动态意味。澄的本意是"让液体里的杂质沉下去"。澄泥工序就是把泥土中的杂质去掉。先把泥土放在瓦缸里，加清水泡开，调成泥浆。然后不断地搅拌这些泥浆，使之完全稀释，经过一天一夜的沉淀，泥浆就会在缸里分为三个层次：最

图80　澄泥

兔儿爷文化漫谈 —— 怎么制作兔儿爷

上面是清水，中间是匀细的黄泥，最下面是砂子等杂质。澄好的泥浆，滤去清水，抛弃杂质，只取中间的细泥，这就是泥塑的原材料。(图80)

澄泥是最讲究的备料方法，也是北京泥玩具的传统工艺。这方法与制陶瓷的"澄浆"完全一样，唯其如此，才能做出光润精美，不糙、不裂的泥玩具。当然，这样的淘泥方法也增加了制作的成本。

现在，还有一种粉末状的黄土，是由加工厂将适合做泥塑的土用"球磨机"研磨成细腻的粉末，用时由艺人自己加水和泥。购买现成的"陶塑土"则无需澄泥。为了增强泥土的牢度，减轻成品的重量，艺人们要在泥中添加适量的棉花或纸浆。在和泥时，将棉花扯碎，撒在泥土表面，用木槌反复捶打，使棉花均匀地混入泥土。(图81、图82)

图81

图82

三、揉泥

澄出的泥浆，风干去水，在软硬适度时，就可以揉了。若用粉末土，则在添加棉花后，风干去水，再揉。揉泥很费工夫，也很枯燥，把泥放在木板或石板上，反复地揉，与蒸馒头时的揉面一样。有经验的老艺人说"泥必须揉到十成，才好使"。(图83)

四、做"子"

"子"就是原型，是制作模具的"范"。这是塑造形象最紧要的环节。做多大、做成什么样，都要在此考虑周全。做两片兔儿爷模具，前脸一片，后身一片。形象不宜过繁、过细，必须考虑好如何"翻模"。基本体量是前窄后宽，前小后大，只有这样才能顺利翻模。因为制作工艺上的要求，决定了兔儿爷形象的简洁与概括。同时还应考虑泥土的收缩率，泥土在由湿变干的过程中会出现5%至10%的收缩，即在晾干后体量会缩小。因此，制作的原型必须比预计的尺度大一些。(图84)

做"子"的过程实际上是雕塑的过程，必须掌

图83

图81　经过专业加工的泥塑用土
图82　和泥时加入棉花
图83　用擀面杖揉泥

图84　　　　　　　　　　　　图85　　　　　　　　　　　　图86

图87

图88

图84　林爱幸做好的兔儿爷原型

图85　胡鹏飞做好的兔儿爷原型

图86　准备用于翻模子的原型

图87　翻模子，在原型上涂抹石膏

图88　翻好的石膏模子

立体造型的基本原理和基本手法。制作"子"的方法分两种，一种是以雕为主，不断去掉泥土，把造型从泥土中雕刻出来；另一种是以塑为主，不断把泥加上去，"堆"出造型。不论哪种方法，都要做成实心的泥塑。（图85）

五、翻模

现在多用石膏模具。单片模最简单，微型兔儿爷就用单片模子。把兔儿爷的原型正面朝上放在玻璃板上，调好石膏浆，涂抹在原型上。石膏浆料随用随调，先铺一层，盖满原型；再调浆盖第二层，逐渐加厚，最后把表面抹平。待石膏浆凝固后，取出原型，模子就做好了。

双片模兔儿爷就需要先取一块泥，把兔儿爷的原型"卧"入一半，只露出半个原型，然后往上涂抹石膏浆。待模子成型后，取出原型，把模子翻过来，将原型再放入做好的模子里，再做另外的半边。模子做好后在半干时，要进行修整，用刀具把毛刺、不平去掉。（图86）

用石膏翻模子，可以用"湿子儿"，即原型塑好后，不必晾干，趁泥土含有水分时，就开始翻模。因为石膏干后不溶于水，并有很强的凝结性，所以不会与原型粘连。用湿子儿翻模，可以减小收缩率。（图87、图88）

现在又发明了"软模"，即硅胶模，模具最后的形态是软的，可以翻印较复杂的造型，甚至用一块软模就能翻印出立体的造型。在使用软模时，必须加衬外硬模，以防止软模变形。

过去传统的翻模也有用黄泥的，必须等原型完全晾干后才能翻模。翻好的模子，晾干后入窑焙烧成陶质。若没有条件焙烧，就用黄泥加"砖面儿"，即把青砖研磨成粉，掺在泥里，再加适量的青灰，以增加模子的强度。这种传统的模子，还要经常进行保养，用桐油或清漆涂抹表面，晾干后再用。

六、印坯

印坯是在石膏模子里压进黄泥，印出泥坯。先把揉好的黄泥压成薄片，摁进模子，务必要压实，然后沿着模子边口削去多余的泥土。前后两片模都做好后相对粘合，就形成了中空的泥胎，底部另加一片黄泥封住。此时，还需要根据设计，预留出安装兔耳朵和插靠旗的孔洞，一般是用锥子扎孔，以备最后完成装饰。待晾至半干时，将表面的毛刺和接口处的毛边都削平，必要时还要用细砂纸打磨光滑。制作兔儿爷的泥土极细、极匀，并且加了棉花，故而能又轻又薄。（图89、图90、图91、图92、图93、图94）

七、上底色

在翻印好的泥胎上涂染白色称为上底色。多以大白粉或立德粉加胶调成粉浆用于上底色。在全国范围内，泥塑上底色的方法共有三种：蘸底、喷底、刷底。蘸底是把泥坯整个放进调好的粉浆里，通体粘满底色；喷底是用高压喷枪将色浆喷在泥坯上。蘸底容易出气泡，喷底缺乏泥货的"乡土味儿"。北京泥玩具的传统工艺是刷底色，即用毛刷蘸粉浆刷在泥胎上，一般刷两遍。在泥坯的背后和底部，留空不刷，露着泥土的本色。这不是为了省料，而是为了显示出老玩意儿的韵味。

图89

图90

图91

图92

图93

图94

图89　先把揉好的泥擀成片
图90　印坯
图91　封底
图92　修整泥坯
图93　印好的泥坯
图94　晾晒泥坯

图95

图96

图97

现在，胡鹏飞创造了用"外墙漆"上底色的新方法。外墙漆的牢度好，不起皮、不掉色、不怕水。在上底色前，先把泥坯在清水中蘸一下，把泥坯表面打湿，然后蘸外墙漆。这样，可以避免出气泡，也能使底色更均匀。（图95）

八、开脸与上色

上色也叫"彩绘"，这是最关键的工序，将决定作品的气韵风神。俗话说"三分塑，七分彩"。兔儿爷形象的神情、特色全在勾勒上色这道工序中完成。一般先画墨色，用墨汁勾勒花纹，描画细部结构，然后涂色。画兔儿爷的五官称为"开脸儿"，眉、眼、嘴、脸蛋都在此过程中完成。多取"中锋运笔"，像写字画画一样，全凭手腕的力量勾勒线条、涂染色面。在泥胎上勾勒与在纸上画画不一样，泥胎是立体造型，有很多起伏、转折，必须因势利导，让中锋在泥胎表面形成流畅均匀的线条。兔儿爷的脸蛋上都有两块红晕，旧日，用棉花蘸胭脂轻轻擦抹，形成淡淡的并带有晕染效果的红脸蛋。现在，多用高压喷枪，喷绘红晕。（图96、图97）

上色的关键是配色。民间艺人掌握了很多配色的窍门，并在实践中不断改进创新。以韩增启先生的配色为例，可以看出配色的精准巧妙。他的"兔子山"塑造了一群小兔子聚集在水边山石上的场面。为了表现水，加了几片荷叶与一枝荷花。山石为土红色，苔藓为石绿色，而荷叶的颜色为极浓的墨绿，并加上几笔金线。这样的配色极为凝重含蓄，并增强了水边的感觉。又如胡鹏飞的"黄虎红袍兔儿爷"，红袍的颜色极深，显出一种凝重的气质，而且面积较小，与淡黄的虎一起构成了古朴、深沉的风格。更多的兔儿爷是以喜庆热烈的色调为主，花花绿绿，色泽夺目，才能唤起孩子的注目，并增添欢乐轻松的气氛。掌握色彩的规律是一个长期观察实践的过程，不断总结、不断试验才能更好地发挥色彩的作用，让兔

图95　用外墙漆上底色
图96　上色
图97　用高压喷枪喷绘兔儿爷脸上的红晕

儿爷光彩夺目。(图98、图99、图100)

九、罩光

　　过去都是用鸡蛋清涂抹泥玩具表面，使其光亮润泽，如今用清漆或桐油。涂漆也有许多讲究，并不是满涂，哪里该涂，哪里不涂都有一定的规矩。兔儿爷的脸蛋不涂，露着白色粉底，涂一点儿淡淡的胭脂。嘴唇上可以涂一点漆，让它闪亮。帽子、服饰可以多涂一些，但也要按色分块，例如涂红就不涂绿，涂黄就不涂蓝。这样一来，各种颜色就形成了对比，涂了油的地方闪亮，不涂的地方是亚光，两相映衬，增加了形象的装饰层次。(图101、图102)

图98　　　　　　　　　　　　　　　　　　　　图99

图100　　　　　　　　　　　　　　　　　　　图101

图102

图98　先上浅色
图99　上金色
图100　上深色
图101　罩光
图102　完成上色的兔儿爷

十、装饰

　　兔儿爷的头顶上都有两只耳朵，老北京人称其为"犄角"。这些耳朵多是单独做好，最后安装的。有的用小模具翻印，有的是用手捏出来的。每只耳朵都带有一根细铁丝，将铁丝插入预留的孔洞，耳朵就装好了。靠旗也是单独做好的，用彩色纸或丝绸剪成三角形的小旗，并加适当的彩绘。用竹牙签作旗杆，把小旗粘在牙签上。将小旗插入预留的孔洞，就是靠旗。北京的传统兔儿爷都只有一面靠旗，俗话说"兔儿爷的旗子——单挑"。但是，这种形式在今天已经不具备约束的作用，大部分新式兔儿爷都是双靠旗，甚至是"四硬靠"，即四面靠旗，主要目的是为了让兔儿爷更好看。讲究的兔儿爷还要在背后装一柄伞盖，罩在兔儿爷的头顶上。

史料汇编

　　"史料汇编"分为两部分：第一部分 01~27，是正文中以语体引用过的史料，有兴趣的读者可根据正文的编号检索到出处和原文；第二部分 28~45，是参考史料，即正文中未曾引用的史料原文。

　　01. 纪坤《花王阁剩稿》，《丛书集成·初编》，据《畿辅丛书》排印本，第 18 页：

　　戏题（并序）京师中秋节，多以泥搏兔形，衣冠踞坐如人状，儿女祀而拜之。偶题一诗，时崇祯庚午岁也。

　　布席陈瓜果，俨然东郭逡，

　　向来闻捣药，次日竟为神。

　　狡计怀三窟，清光借一轮，

　　韩卢休侧目，长近月中人。

　　02. 李家瑞《北平风俗类征》，商务印书馆，1937 年版，第 93 页，引艺兰生《侧帽余谈》：

　　都下例于中秋，家家祀月中之兔。尊之为兔儿爷。逐利者肖其像如人状，有泥塑者，布扎者、纸绘者。堆积市上，几于小山，家人携小儿女购归，陈瓜果拜之。

　　03. 富察敦崇《燕京岁时记》，北京古籍出版社，1983 年 6 月版，第 79 页：

　　兔儿爷摊子

　　每届中秋，市人之巧者用黄土搏成玉兔之像以出售，谓之兔儿爷。有衣冠而张盖者，有甲胄而带纛旗者，有骑虎者，有默坐者。大者三尺，小者尺余。其余匠艺工人无美不备，盖亦谑而虐矣。

　　04.《清代北京竹枝词》，北京古籍出版社，1982 年 1 月版，第 30 页：

　　细娘装束晚登车，欲向中秋斗月华。忽见红旗争引导，拜迎金面兔儿爷。

　　中秋夜张灯作乐，迎兔儿爷，有飞金面者。

05. 李家瑞《北平风俗类征》，商务印书馆，1937 年版，第 95 页，引《民社北平指南》：

八月十三至十五日为中秋节，俗呼为"八月节"，街市繁盛，果摊泥兔（俗呼兔儿爷，范泥为之，人身兔首，其衣冠施彩色，或坐或立，或担担，或捣杵，或骑各兽，皆贯角于头顶。大者背插旗伞，小儿买之以为玩物。）摊，所在皆是。

06. 李家瑞《北平风俗类征》，商务印书馆，1937 年版，第 94 页，引《京都风俗志》：

十五日谓之中秋节，人家以月饼相遗，取团圆之义。前三五日，通衢大市，搭盖芦棚，内设高岸盆筐，满置鲜果瓜蓏，如桃、榴、梨、葡萄、苹果之类。晚间，灯下一望，红绿相间，香气袭人，买（卖）果者高声卖鬻，一路不断。而日间时中，以土塑兔儿像，有顶盔束甲如将军者，有短衫担物如小贩者，有立起舞如饮酒燕乐者，大至数尺，小不及寸，明目形像（象），指不胜数。与彩画土质人马之类，罗列高架而卖之，以娱小儿，号为兔儿爷。至望日，于月下设鲜果、月饼、鸡冠花、黄豆枝等物，人家妇女拈香先拜，男子后拜，以妇女为属阴，故祭月光先之，此取义之正也。礼毕，家中长幼咸集，盛设瓜果酒肴，于庭中聚饮，谓之"团圆酒"。

07. 李家瑞《北平风俗类征》，商务印书馆，1937 年版，第 93 页，引沈太侔《春明采风志》：

刮打嘴兔儿爷，其制空腔，活安上唇，中系以线，下扯其线，则唇乱捣，故以此名。

08.《帝京岁时纪胜》，北京古籍出版社，1983 年 6 月版，第 30 页：

京师以黄沙土作白兔，饰以五彩妆颜，千奇百状。集聚天街月下，市而易之。灯火荧辉，游人络绎，焦包炉炙，浑酒罇筛，烤羊肉、热烧刀，此又为游人之酌具也。

09. 晋王嘉《拾遗记》，中华书局，1981 年 6 月版，第 70 页：

夫子未生时，有麒麟吐玉书于阙里人家，文云"水精之子，系衰周而素王。"

10. 玄奘《大唐西域记·卷第七·三兽窣堵波》，岳麓书社，1999年7月版，第368页：

劫初时，于此林野，有狐、兔、猿，异类相悦。时天帝释欲验修菩萨行者，降灵应化为一老夫，谓三兽曰："二三子善安隐乎？"曰："涉丰草，游茂林，异类同欢，既安且乐。"老夫曰："闻二三子情厚意密，忘其老敝，故此远寻。今正饥乏，何以馈食？"曰："幸少留此，我躬驰访。"于是同心虚己，分路营求。狐沿水滨，衔一鲜鲤，猿于林树，采异花果，俱来至止，同进老夫。惟兔空还，游跃左右。老夫谓曰："以吾观之，尔曹未和。猿狐同志，各能役心，惟兔空还，独无相馈。以此言之，诚可知也。"兔闻讥议，谓狐、猿曰："多积樵苏，方有所作。"狐、猿竞驰，衔草曳木，既已蕴崇，猛焰将炽。兔曰："仁者，我身卑劣，所求难遂，敢以微躬，充此一餐。"辞毕入火，寻即致死。是时老夫复帝释身，除烬收骸，伤叹良久，谓狐、猿曰："一何至此！吾感其心，不泯其迹，寄之月轮，传乎后世。"故彼咸言，月中之兔，自斯而有。后人于此建窣堵波。

11. 月亮的别名

（1）夕兔。唐骆宾王《艳情代郭氏答卢照邻》诗："抱膝当窗看夕兔，侧耳空房听晓鸡。"

（2）玉兔。借称。唐韩琮《春怨》："金乌长飞玉兔走，青鬓长青古无有。"贾岛《赠智朗禅师》："上人分明见，玉兔潭底没。"明何景明《对月》诗："玉兔中天满，清辉近水多。"

（3）白兔。杜甫《八月十五夜月》诗之一："此时瞻白兔，直欲数秋毫。"白居易《劝酒》诗·"天地迢迢自长久，白兔赤乌相趁走。"

（4）玄兔。《文选》南朝宋谢庄《月赋》："引玄兔于帝台，集素娥于后庭。"李周翰注："玄兔，月也。月中有兔象，故以名焉。"

（5）老兔。唐陈陶《飞龙引》："彤庭侍宴瑶池席，老兔春高桂宫白。"

（6）西兔。月落西方，新月始出西方，故名。唐韩偓《踪迹》诗："东乌西兔似车轮，劫火桑田不复论。"

（7）冰兔。唐李绅《奉酬乐天立秋夕有怀见寄》诗："冰兔半升魄，铜壶微滴长。"

（8）阴兔。多与阳乌对用。南朝梁简文帝《大法颂序》："阴兔两重，阳乌三足。"又梁元帝《郢州晋安寺碑铭》："峰下阳乌，林生阴兔。"唐张说《赠崔公》诗："蚌蛤伺阴兔，蛟龙望斗牛。"

（9）金兔。借称。南朝梁刘孝绰《林下映》诗："攒柯半玉蟾，邑叶彰金兔。"唐卢仝《月蚀》诗："朱弦初罢弹，金兔正奇绝。"

（10）兔轮。唐元稹《长庆集·梦上天》诗："西瞻若水兔轮底，东望蟠桃海波黑。"

（11）兔窟。借称。清陈维崧《月当行·虎丘中秋柬蘧庵先生用梅溪词韵》："斜倚广寒，一望兔窟清深。"

（12）兔魄。《参同契》卷上："蟾蜍与兔魄，日月无双明。"元范梈《范德机诗集赠郭判官》："慈乌夜夜向人啼，几度纱窗兔魄低。"明屠隆《明月榭赋》："川源澄兮云气鲜，瑶台朗兮兔魄圆。"明刘基《怨王孙》词："兔魄又满，天长雁短。"

（13）兔影。借称。唐卢照邻《幽忧子集江中望月》诗："沉钩摇兔影，浮桂动丹芳。"《佩文韵府》引韦琮《月明星稀赋》："兔影高辉，榆光潜霭。"

（14）桂兔。借称。唐韩偓《源夜即席》诗："桂兔韬光云叶重，烛龙衔耀月轮明。"明李东阳《太皇太后挽歌词》之十："桂兔秋逾好，轩龙晚更辉。"

（15）雪兔。

（16）银兔。借喻。隋炀帝《望江南》："清露冷侵银兔影，西风吹落桂花枝。"唐皮日休《醉中先起李縠戏赠走笔奉酬》诗："麝烟苒苒生银兔，蜡泪涟涟滴绣闱。"

（17）蜍兔。指代。清陈维崧《风流子》词："叹世上鸡虫，笑人寂寂；无边蜍兔，去我堂堂。"

（18）瑶兔。喻称。唐王勃《上明员外启》："侧闻金乌耸辔，俯圆燧而抽光；瑶兔浮轮，候方诸而吐液。"又黄滔《丈六金身碑》："一夕雨歇天清，风微月明，瑶兔无烟，铜龙有声。"

（19）魄兔。指称。明王世贞《荆玉篇》："煜煜阳乌升碧汉，亭亭魄兔浴银涛。"

（20）蟾兔。借称。《古诗十九首》之十七："三五明月满，四五蟾兔缺。"唐权舆德《祗役江西路上以诗代书寄内》："别来如昨日，每见缺蟾兔。"

12. 陈元靓《岁时广记》，引《中秋玩月记》，《丛书集成》本，卷三十一：

方是闲居士《中秋玩月记》云："中秋玩月，古今所同者也。虽古今所同，然故实所始，骚人雅士，不多见于载籍。后世未尝无遗恨焉。惟唐四门助教欧阳公贞元十二年，与邵楚苌、林蕴、陈诩客长安邸中，修厥玩事，赋诗叙景，曲尽其妙。且谓月之为玩，冬则繁霜太寒，夏则蒸云蔽月。云蔽月，霜侵人，蔽与侵具害乎玩。秋之于时，后夏先冬，八月于秋，季始孟终，十五于夜，又月之中。稽诸天道，则寒暑均，取于月数则蟾兔圆。埃壒不流，太空悠悠。芳菲徘徊，搏华上浮。升东林入西楼，肌骨与之疏凉，神魂与之清冷，斯古人所以为玩也夫。"

13. 孟元老《东京梦华录》，上海古籍出版社，1956 年 11 月版，第 50 页：

中秋 中秋节前，诸店皆卖新酒，重新结络门面，彩楼花头，画竿醉仙锦旗。市人争饮，至于未间，家家无酒，拽下望子。是时，鳌蟹新出，石榴、榅勃、梨、枣、葡萄、弄色枨桔，皆新上市。中秋夜，贵家结饰台榭，民间争占酒楼玩月。丝篁鼎沸。近内廷居民，夜深遥闻笙竽之声。宛若云外。闾里儿童，连宵嬉戏，夜市骈阗，至于通宵。

14. 吴自牧《梦粱录·卷四》，浙江人民出版社，1984 年 2 月版，第 26 页：

八月十五日中秋节，此日三秋恰半，故谓之中秋。此夜月色倍明于常时，又谓之月夕。此际金风荐爽，玉露生凉，丹桂香飘，银蟾光满，王孙公子，富家巨室，莫不登危楼，临轩玩月。或开广榭，玳筵罗列，琴瑟铿锵，酌酒高歌，以卜竟夕之欢。至如铺席之家，亦登小小月台，安排家宴，团圞子女，以酬佳节。虽陋巷贫窭之人，解衣市酒，勉强迎欢，不肯虚度。此夜天街卖买，直至五鼓，玩月游人，婆娑于市，至晓不绝。盖金吾不禁故也。

15. 李家瑞《北平风俗类征》，商务印书馆，1937年版，第94页，引《京都风俗志》：同第6条目。

16. 刘若愚《明宫史》，北京古籍出版社，1980年11月版，第88页：

八月：宫中赏秋海棠，玉簪花。自初一日起，即有卖月饼者。加以西瓜、藕、互相馈送。西苑晒藕。至十五日，家家供月饼瓜果，候月上，焚香后，即大肆饮啖，多竟夜始散席者。如有剩月饼，仍整收于干燥风凉之处，至岁暮合家分用之，曰"团圆饼"也。

17. 富察敦崇《燕京岁时记》，北京古籍出版社，1983年6月版，第79页：

中秋月饼以前门致美斋者为京都第一，他处不足食也。至供月月饼到处皆有。大者尺余，上绘月宫蟾兔之形。有祭毕而食者，有留至除夕而食者，谓之团圆饼。

18. 《礼记·祭义》，上海古籍出版社，1987年3月版，第259页：

郊之祭，大极天而主日，配以月。夏后氏祭其暗，殷人祭其阳，周人祭日以朝及暗。祭日于坛，祭月于坎，以别幽明，以制上下，祭日于东，祭月于西，以别内外，以端其位。日出于东，月生于西，阴阳长短终始相巡，以致天下之和。

19. 《史记·封禅》，台海出版社，1997年10月版，第419页：

于是，始皇遂东游海上，行礼祠名山大川及八神，求仙人羡门之属。八神将自古而有之，或曰太公以来作之。齐所以为齐，以天齐也。其祀绝莫知起时。八神：一曰天主，祠天齐。天齐渊水，居临淄南部山下者。二曰地主，祠泰山梁父；盖天好阴，祠之必于高山之下，小山之上，命曰"畤"；地贵阳，祭之必于泽中圜丘云。三曰兵主，祠蚩尤。蚩尤在东平陆监乡，齐之西境也。四曰阴主，祠三山。五曰阳主，祠之罘。六曰月主，祠之莱山。皆在齐北，并渤海。七曰日主，祠成山。

成山斗入海，最居齐东北隅，以迎日出云。八日时主，祠琅邪。琅邪在齐东方，盖岁之所始。皆各用一牢具祠，而巫祝所损益，珪币杂异焉。

20. 刘若愚《明宫史》，北京古籍出版社，1980 年 11 月版，第 75 页：

铎针：金、银、珠、翠、珊瑚皆可制。年节则大吉葫芦，万年吉庆。元宵则灯笼；端午则天师；中秋则玉兔。颁历则宝历万年。其制则八宝荔枝，万字鲇鱼也。冬至则阳生，绵羊太子、梅花。重阳则菊花。万寿圣节则"万万寿"，洪福齐天之类。洪福者，于齐天字之两旁，阁有红色蝙蝠一枚，以取意耳。凡遇诞生、婚礼及尊上徽号、册封大典，皆万万喜。此所谓"铎针"者，单一枚，有缔居官帽中央者是也。

21. 刘若愚《明宫史》，北京古籍出版社，1980 年 11 月版，第 67 页：

自清明秋千与九月重阳菊花，具有应景蟒罗。自端阳五毒至八月月仙玉兔，具有应景蟒纱。逆贤又创造满身金虎、金兔之纱，及满身金葫芦、灯笼、金寿字、喜字纻，或贴黑里，每褶有朝天小蟒者。

22. 刘侗、于奕正《帝京景物略》，北京古籍出版社，1983 年 6 月版，第 69 页：

八月十五日祭月，其祭果饼必圆；分瓜必牙错瓣之，如莲花。纸肆市月光纸，缋满月像，趺坐莲华者，月光遍照菩萨也。华下月轮桂殿，有兔杵而人立，捣药臼中。纸小者三寸，大者丈。致工者金碧缤纷。家设月光位，于月所出方，向月供而拜，则焚月光纸，撤所供，散家之人必遍。月饼月果，咸属馈相报，饼有径二尺者。女归宁，是日必返其夫家，曰"团圆节"也。

23. 富察敦崇《燕京岁时记》，北京古籍出版社，1983 年 6 月版，第 78 页：

月光马儿

京师谓神像为神马儿，不敢斥言神也。月光马者，以纸为之，上绘太阴星君，如菩萨像，下绘月宫及捣药之玉兔，人立而执杵。藻彩精致，金碧辉煌，市肆间多卖之者。长者七八尺，短者二三尺，顶有二旗，作红绿色，或黄色，向月而供之。焚香行礼，祭毕与千张、元宝等一并焚之。

24. 富察敦崇《燕京岁时记》，北京古籍出版社，1983年6月版，第78页：

凡中秋供月，西瓜必参差切之，如莲花瓣形。

25. 富察敦崇《燕京岁时记》，北京古籍出版社，1983年6月版，第77~78页：

中秋，京师之曰"八月节"者，即中秋也。每届中秋，府第朱门皆以月饼果品相馈赠。至十五月圆时，陈瓜果于庭以供月。并祀毛豆、鸡冠花。是时也，皓魄当空，彩云初散，传杯洗盏，儿女喧哗，真所谓佳节也。惟供月时男子多不叩拜，故京师谚曰："男不拜月，女不祭灶。"

26. 李家瑞《北平风俗类征》，商务印书馆，1937年版，第95页，引《民社北平指南》：

十五月圆时，设月光马（上绘太阴星君，如菩萨像，下绘月宫及执杵作人立形之捣药玉兔，大者三四尺，小者尺余，工致者金碧辉煌。）于庭，供以瓜果，月饼、毛豆枝、鸡冠花、葡萄、藕、西瓜等品，惟供月时男子多不叩拜。谚云："男不拜月，女不祭灶。"供月毕，家人团坐，饮酒赏月，谓之"团圆节"。又将祀月之月饼，按人数切块分食，谓之"团圆饼"，亦有留至除夕而食者。商家亦于是夜设宴，并招邻店之人，延之同饮。

27. 徐珂《清稗类钞》，中华书局，1984年12月版，第32页：

中秋日，京师以泥塑兔神，兔面人身，面贴金泥，身施彩绘。巨者高三四尺，值近万钱，贵家巨室，多购归，以香花饼果供养之，禁中亦然。

28. 李家瑞《北平风俗类征》，商务印书馆，1937年版，第95页，引《百本张钞本岔曲》：

北平俗曲《中秋节》云："荷花未全卸，又到了中秋佳节，家家户户把月饼切，香蜡纸马兔儿爷。庆中秋，美酒多饮乐，整杯盘，猜拳行令同赏月。"

29. 李家瑞《北平风俗类征》，商务印书馆，1937 年版，第 95 页，引《北平俗曲十二景》：

八月中秋月光圆，供月须当对广寒；

女拜迥避男，果品要周全。

家家都赴团圆宴，男女老幼打个圆盘。

喝五又呼三，行令又猜拳。

30. 李家瑞《北平风俗类征》，商务印书馆，1937 年版，第 95 页，引《春明采风志》：

中秋，大家互送礼节，送馆师节敬，放学三日，赏奴仆钱，铺肆送账帖，每节如此。

31. 李家瑞《北平风俗类征》，商务印书馆，1937 年版，第 94 页，引《燕京杂记》：

中秋人家贺月宫，图中绘兔，人立，男女陈瓜果，拜兔儿爷。

32. 李家瑞《北平风俗类征》，商务印书馆，1937 年版，第 95 页，引《同治都门纪略》：

《都门杂咏·搪账》：

"中秋佳节月通宵，债主盈门不肯饶，老幼停杯声寂寂，团圆酒饮在明朝。"

33. 李家瑞《北平风俗类征》，商务印书馆，1937 年版，第 94 页，引《康熙大兴县志》：

八月十五日祭月，其祭用果饼，剖瓜瓣如莲花，设月光纸，向月而拜，焚纸撒供散家人。

34. 李家瑞《北平风俗类征》，商务印书馆，1937 年版，第 94 页，引《舆地志》：

八月十五日祭月，祭用果饼，剖瓜如莲花，设月光纸，向月而拜，焚纸撒供，散家人必遍。

35. 李家瑞《北平风俗类征》，商务印书馆，1937 年版，第 93 页，引《燕都杂咏注》：

中秋街市卖兔儿爷，家家供月纸，画兔像，名月光纸。

36. 李家瑞《北平风俗类征》，商务印书馆，1937 年版，第

1 页，引柴桑《京师偶记》：

> 八月中秋夜踏月，买兔儿王。

37. 李家瑞《北平风俗类征》，商务印书馆，1937 年版，第 93 页，引《松风阁诗抄》，彭蕴章《幽州土风吟》：

> 月宫符，画成玉兔瑶台居，月宫饼，
> 制就银蟾紫府影；
> 一双蟾兔满人间，悔煞嫦娥窃药年，
> 奔入广寒归不得，空劳玉杵驻丹颜。
> 瑳兮俫痴纷纷还，羡我阿姨赠尔新葫芦，
> 不须月下陈瓜果。

38. 李家瑞《北平风俗类征》，商务印书馆，1937 年版，第 93 页，引《北京岁华记》：

> 中秋夜，人家各置月宫符像，符上兔如人立，陈瓜果于庭。饼面绘月中蟾兔，男女肃拜烧香，旦而焚之。

39.《清代北京竹枝词》北京古籍出版社，1982 年 1 月版，第 30 页：

> 月饼
> 红白翻毛制造精，中秋送礼遍都城，论斤成套多低货，馅少皮干大半生。

40.《清代北京竹枝词》，北京古籍出版社，1982 年 1 月版，第 73 页：

> 中秋
> 莫题旧债万愁删，忘却时光心自闲；瞥眼忽惊佳节近，满街争摆兔儿山。

41.《清代北京竹枝词》，北京古籍出版社，1982 年 1 月版，第 19 页：

> 净香居主人《都门竹枝词》：团圆果共枕头瓜，香蜡庭前敬月华，月饼高堆尖宝塔，家家都供兔儿爷。

42. 震钧《天咫偶闻》，北京古籍出版社，1982 年 9 月版，第 216 页：

> 京师百货所聚，惟正阳门街、地安门街、东西安门外、东

四牌楼、东西单牌楼暨外城之菜市、花市。自正月灯市始，夏月瓜果、中秋节物，儿嬉之泥兔爷，中元之荷灯，十二月之印版画，烟火、花爆、紫鹿、黄羊、野猪、山鸡、冰鱼，俗名关东货。亦有果实、蔬菜，旁及日用百货，微及球虫蟋蟀。苟及其时，则张棚列肆，堆塔若山积。卖之数日，而尽无余者，足见京师用物之宏。

43. 胡朴安《中华全国风俗志》，上海大达图书供应社，1936年版，第9页，《南京采风志》：

中秋节晚间焚香拜月，小儿则以瓜果菱芡之类，供于庭中，供毕仍饱口福。

44.《清代北京竹枝词》，北京古籍出版社，1982年1月版，第30页，《燕台口号一百首》：

庆赏中秋结彩棚，饼如圆影得佳名，蟾宫月窟翻新样，也有白衣人夜行。

45. 汪启淑《水曹清暇录》，北京古籍出版社，1998年6月版，第17页：

谣谚时或占验，《燕台新月令》亦多确切，然不知谁所造演……其八月云："是月也，彩棚卖饼，人祭兔。鲜果入窖，浑酒熟，焦色炙于炉，蒲桃落架，双肠灌。"

兔爷

精品赏鉴

传统兔儿爷

　　现在能见到的最早的兔儿爷实物是北京故宫博物院所藏的清室旧物，此外已经很难找到清代的真品。在民间收藏家手中或许还有，但至今尚未发现。今天众多民间艺术家追寻兔儿爷的历史轨迹，根据记忆与回忆，参照相关资料或复制、或重做，创作了不少保持旧日风貌的传统兔儿爷。这些作品的珍贵价值在于记录着兔儿爷的历史面貌，保留着另一个历史阶段的功能特征与艺术效果。在兔儿爷的表现形式不断发生新鲜变化的今天，传统兔儿爷提供了最为基础的创作元素。

牡丹座兔儿爷　故宫博物院 藏　高210mm

　　这件兔儿爷现藏北京故宫博物院，是清室旧物中的一件。类似的兔儿爷尚存多种，都是当年从市场选购入宫的节令风物。据《清稗类钞》记载，中秋节期间民间小儿供奉兔儿爷祭月的习俗也传入宫廷，"禁中亦然"。这些旧藏证明了宫廷习俗与民间习俗之间的密切联系，同时，也使今人一睹古代兔儿爷的风采。

芙蓉座兔儿爷　故宫博物院 藏　高200mm

　　这件也是清宫旧藏，是宫人从当年的市场上购置的节令风物，供给宫中小儿祭月祀拜。其造型比例与今日兔儿爷不同，底座十分高大，几乎占据了通高的三分之二。这种设计是从功用出发，以便于在祭月时，让兔儿爷突显于月饼、瓜果等供品之上。

骑梅花鹿兔儿爷　故宫博物院 藏　高 190mm

　　梅花鹿本为南极仙翁（老寿星）的坐骑，移植于此，暗示着对长寿的祈
祝。名为骑鹿，实则横坐鹿背，并不是真正两腿分跨鹿背。传统兔儿爷及神佛
造像的姿势一律如此，目的是保持兔儿爷庄重威严的正面形象。

金光洞兔儿爷　故宫博物院 藏　高 155mm

　　清宫旧藏，造型简洁而生动。装有长而大的兔耳朵，北京人称之为"兔犄角"。这种长犄角得到了继承，今日胡鹏飞制作的微型兔儿爷都装有细而长的耳朵。这件兔儿爷的底座也比较高，是传统兔儿爷功能特征的体现。

仿清牡丹座兔儿爷　高 210mm

　　这件兔儿爷是20世纪80年代北京艺人按照清宫旧藏兔儿爷照片复制的作品。当时，兔儿爷刚刚开始恢复制作，资料短缺、艺人稀少，尽力复制老式兔儿爷的行为开复兴老北京节令风物之先河。

仿清牡丹座兔儿爷　高 195mm

　　这是一件按照老式兔儿爷模式创作的作品，采用了中国传统民间绘画的画法，多用线条勾描，不惜工时。总体风格接近民间绘画。

描金牡丹座兔儿爷　双起翔 作　高200mm

　　双起翔是北京泥玩具的杰出传承人,他所做的大型脸谱盒兔儿爷多年享誉京城,并多有开创型作品行世。20世纪80年代,双起翔根据儿时的回忆并融入了个人的理解完成一系列佳作。当时他曾征求老北京人的意见,反复修改,终成精品。这一件描金牡丹座兔儿爷是双老的代表作之一,造型继承了老北京的一贯作风,底座高大,表面纹饰细致工整。金盔、铠甲及云纹、牡丹等处精雕细刻、极尽工致。色彩典雅大方,以天蓝、墨绿构成底色,烘托出红、黄、金色的主题。这种古朴、精湛的风格于今日市场上已不可多得。

牡丹座兔儿爷　林爱幸　作　高110mm

　　作者是双起翔的女弟子林爱幸。林女士早年曾经参与寺院神佛造像的塑造，打下了坚实的泥彩塑基础。兔儿爷主要依靠正面发挥作用，背面可以从略从简。因此发明了单片模工艺，只用一块模具印出正面，背面保持泥土的平面。这种做法是旧日北京艺人为节省工时、降低成本采取的临时举措，至今仍用于商品性泥塑的批量生产。这件作品是用单片模子翻印泥坯的兔儿爷。

莲花座兔儿爷　韩增启 作　高 112mm

　　韩增启是北京著名"韩氏泥人"的第三代传人。幼年曾在东安市场耍货铺
学徒，掌握了制作老北京泥人的基本技法，毕生从艺不辍，将北京民间泥人艺
术推向极致。韩增启的兔儿爷完整地继承了老北京的传统风貌。这是一件用单
片模子翻印的普及性商品，属于旧日价格较低的品种，但在韩增启的手中却生
发出精品的气质。本作品色彩的运用极为精到，在莲花两侧加饰墨绿的荷叶并
用金粉勾勒叶脉是本件的点睛之笔。

金光洞兔儿爷　双起翔　作　高 205mm

　　金光洞是《封神榜》中太乙真人的居所，太乙真人是哪吒的师傅，助徒为先
行官，兴周灭商。今四川江油市有乾元山，山上真有"金光洞"，传为太乙真人
的遗迹。老北京兔儿爷多有金光洞之制，暗示兔儿爷为道教真人。本件用色华彩
绚丽，在祥云等处勾描金线，愈显得华丽辉煌，是金光洞兔儿爷的代表作。

金光洞兔儿爷　林爱幸　作　高190mm

紫狮子兔儿爷　双起翔 作　高 290mm

　　紫狮子兔儿爷极为罕见，这是双起翔的创意。此件作品用色考究，以淡紫色打底，再用枯笔皴点斑纹，形成层次丰富的色彩效果。兔儿爷的画法则简洁明快，两相对比，相得益彰。双起翔的兔儿爷在京城影响极大，他是新时期最早恢复制作兔儿爷的第一人，又是技艺精良的代表性人物，所做兔儿爷为后来兔儿爷的振兴起到了至关重要的作用。

黄虎兔儿爷 双起翔 作 高155mm

　　这是双起翔自20世纪80年代起制作的商品性兔儿爷，造型简洁、色彩明快，而且省工省料。他在泥料里添加了棉花或纸浆，胎体极薄，体量轻便又坚固。曾经批量生产投放市场，影响极大，后起的兔儿爷工坊多以此为蓝本制作兔儿爷，久传不衰。近30年，这种式样一直占据着北京兔儿爷的主要市场。双起翔在推动传统兔儿爷发展发挥的作用至关重要。

骑黄虎兔儿爷 双起翔 作 高160mm

骑虎兔儿爷　双起翔 作

　　老北京兔儿爷的规格极多，最大者可达1200mm，最小的不足60mm。规格的多样是为满足不同的需求。双起翔继承了这一传统，每式兔儿爷至少有三种规格。本图中显示的这三件都是双起翔的作品，大的高150mm，小的不足70mm。其实，小的兔儿爷可省料，但并不省工，因此不一定越大越贵。

黄虎兔儿爷　韩增启　作　高 125mm

　　韩增启所做的精品兔儿爷多为手捏成型,不用模具。本件采用手捏与模印相结合的手法,印坯后组装成型。彩绘潇洒自如,信手涂描皆成文章,是北京传统兔儿爷的精品。

黄虎兔儿爷局部

骑黄虎兔儿爷 胡鹏飞 作

胡鹏飞不是北京人，原籍陕西著名民间美术之乡凤翔县。他自幼喜爱民间美术，学习国画、泥塑等诸多造型艺术，并且参与过大型神佛造像的塑造。20世纪初来到京城，创办了"吉兔坊"工作室，以北京兔儿爷为主打产品，所做兔儿爷品种丰繁，并能与时俱进，多有创新。本件兔儿爷是作者吸收传统要素创作的老式样品。此类制作，奠定了他扎实的功底，为日后的创新打下了坚实的基础。

黄虎兔儿爷局部

骑黄虎兔儿爷　双起翔 作　高160mm

　　双起翔代表作之一，做工精湛，彩绘辉煌。在金冠、云纹等处使用"沥粉"工艺。沥粉原为古建筑彩绘形式之一，将调好的浆料装入带尖嘴的皮囊内，压挤皮囊，迫令浆料自尖嘴涌出，随挤随画，在泥塑表面形成凸起的线条，晾干后再施彩绘。沥粉的运用增强了精致细腻的装饰效果。

黄虎绿袍兔儿爷　高 195mm

　　一般兔儿爷均为红袍、金铠。此件却独开蹊径，黄虎绿袍加莲花座，借用了关公的服饰，意在暗示"忠义千秋"。北京兔儿爷的服饰、坐骑和动态变幻无穷，借鉴吸收神佛造像、吉祥图案的基本元素是最常用的方法。

骑红虎兔儿爷　胡鹏飞　作　高135mm

黑虎兔儿爷　双起翔　作　高140mm

　　黑虎呈卧式，虎头伏在前爪上，温顺而憨厚。兔儿爷神情庄重，正襟危坐。以老虎的驯服突出兔儿爷的庄严肃穆和威猛。用色素雅凝重，一派淡雅古朴的气象。

黑虎兔儿爷　双起翔　作　高200mm

白象兔儿爷 双起翔 作 高 150mm

　　白象源自普贤菩萨的坐骑。普贤为释迦牟尼的右胁侍，与左胁侍文殊菩萨并列，专司"理"德，塑像与画像均骑白象。北京兔儿爷的坐骑源于神佛造像者极多，以此烘托其在祭月习俗中的神佛属性。

林爱幸所作精品兔儿爷局部

骑白象兔儿爷　林爱幸　作　高 305mm

　　这是一件兔儿爷精品，明显吸收了神佛彩塑造像的特点，兔儿爷的体量、尺度均酷似造像。服饰、结构取写实手法，呼之欲动。为了突显主题，缩小了坐骑的比例，白象比传统造型小而且有神采。通体造型比较复杂，用双片模具难以实现翻印，因此，林爱幸采用了"软模"工艺，自制了硅胶软模，使这一造型的批量制作成为可能。

骑红象兔儿爷　朱毅顺　作　高 95mm

　　朱毅顺原为北京邮政局员工，酷爱北京传统艺术，会唱京东大鼓、京韵大鼓和北京琴书。善用蚕茧制作小老虎，业余制作兔儿爷。虽然使用材料不够规范，制作技法也不够精湛，其热情却十分可嘉。像朱毅顺这样的民间玩具作者遍布北京城，多为老年人，对老北京风情的珍重是他们的真正动力。

骑象兔儿爷泥坯　胡鹏飞 作　高 120mm

　　这是一件骑象兔儿爷的泥坯，未上底色，未加彩绘。上底色之后，可染作
白象、红象甚至黑象。

蓝色麒麟兔儿爷　盛唐轩　监制　高 220mm

　　"盛唐轩"是兼具制作与销售的店铺。创始人是著名民间艺人唐启良。唐先生以"绒布唐"的名誉跻身北京东城非物质文化遗产保护项目，所制绒布玩具堪称一绝。盛唐轩的传承人是唐启良的女儿唐玉婕，她继承家传，经营制作民间玩具。本图所示为盛唐轩监制的蓝麒麟兔儿爷。

骑麒麟兔儿爷 双起翔 作 高185mm

麒麟兔儿爷源自民间"麒麟送子"的传说。相传孔子降生前麒麟口吐玉书，而后孔子生。民间以孔子为麒麟所送。兔儿爷骑坐麒麟寓意"早生贵子"、"多子多福"。

骑鹿兔儿爷　张炜　作　高208mm

麒麟兔儿爷　张炜　作　高210mm

　　这四件兔儿爷均引自《装饰》杂志1999年第2期，作者是河北承德的张炜。这四件作品保持着传统兔儿爷的基本要素，体现着当代艺术家对传统文化的关注。表现形式则迥异于一般民间彩塑的风格，以工整细腻的手法精心描绘纹饰，颇具宫廷艺术的精致与华美。

莲花座兔儿爷　张炜　作　高210mm

双头羊兔儿爷　张炜　作　高210mm

兔儿爷兔儿奶奶　韩宝才　作　高150mm

　　韩宝才是著名艺人韩增启的儿子，韩氏泥人的第四代传人。他较好地继承了家族的艺术风格，在新时期仍然坚持创作，从艺不辍，实属难能可贵。韩宝才所做的老北京风俗泥塑已经享誉京城，其兔儿爷之制亦以韩氏泥塑风格独领风骚。

锣鼓兔子山　韩增启　作　高 125mm

　　兔子山也叫"兔儿山"或"山石兔"。这是由兔儿爷衍生的玩具题材，可视为兔儿爷的延伸与补充。兔儿爷已经有了配偶兔儿奶奶，因此其后代就是小兔子。这件兔子山出自韩增启之手，表现一群天真烂漫的小兔打鼓击钹吹喇叭，庆赏中秋节。

"拿大顶"兔子山　韩增启　作　高 120mm

　　兔子山上的小兔怀抱一只更小的兔子，旁边还有一只小兔正在"拿大顶"。北京人称翻跟斗为"拿大顶"。山石下面的荷叶与荷花则显示着这是水边的一处山石。荷花、荷叶的用色简洁而生动，是韩氏泥人的典型风格。

兔子船 韩增启 作

兔子船也是兔儿爷的衍生题材。按北京旧俗，八月十五中秋节期间，有湖上泛舟之举，豪门贵戚于是日在船上设酒宴、鼓舞、丝竹，游湖、游河，以此庆中秋。兔子船之作正是中秋泛舟习俗的写照。

当代兔儿爷

　　兔儿爷经历 380 余年的传承发展，虽然也经历过磨难，却依靠顽强的生命力进入了当代社会。其发展的动力是北京人对传统节令文化的执著精神与风俗意识的审美。当代兔儿爷继承了传统兔儿爷的基本元素，维系着"兔首人身"，亦人亦兔的基本定位，形象特征非常明确。但是，当代兔儿爷的内涵已发生了深刻的变化，没有人再祭拜兔儿爷，其原有的"神性"几乎淡化至零，习俗对兔儿爷已不再具有约束力。一年四季我们均可见到兔儿爷，春节庙会、端午节市场甚至国庆节的集会中，都会有兔儿爷出现。其工艺品、旅游纪念品的性能正与日俱增，也可谓与时俱进。

骑老虎兔儿爷　高 140mm

　　应劭《风俗通义》说："上古有神荼郁垒兄弟二人，于度朔山树木下检阅百鬼。妄祸人者，缚以苇索，执以食虎。"自此，世传"虎食百鬼"。民间多作老虎镇克五毒题材，于端午节给儿童穿"虎镇五毒"肚兜，佩戴老虎香包，布老虎更是普及性极强的儿童玩具。意在以老虎镇克五毒、百鬼，保护儿童健康成长。兔儿爷是小儿玩具，多以老虎为坐骑，寓意相同。

骑黄虎兔儿爷　高 180mm

　　应劭《风俗通义》中还说："虎者，阳物，百兽之长，能执缚挫锐，噬食鬼魅。"《山海经》中也说，老虎专食恶鬼。这种观念的产生，与老虎的勇猛凶悍有关。在民间美术作品中，老虎成为反复出现的题材，是古代尊虎、崇虎观念的遗存。

骑黄虎兔儿爷局部

骑黄虎小兔儿爷　高 72mm

黄虎兔儿爷 高 152mm

　　这是一件由一位北京业余泥塑爱好者制作的骑虎兔儿爷。这件兔儿爷的制作未用模具，手塑成型，制作技法尚未成熟，施彩也略显粗疏。但是，此类作品却反映了北京人对兔儿爷的喜爱。很多喜爱兔儿爷的业余泥塑爱好者，在买不到兔儿爷的年代里，自己动手制作，其间不乏精品之作。

骑白虎兔儿爷　高138mm

　　在自然界，白色的老虎是遗传基因变异造成的。全世界的白老虎不超过300只，数量比熊猫还要少。在中国传统观念中，白虎是灵兽，代表西方。二十八宿的西方七宿是奎、娄、胃、昴、毕、觜、参，其形为虎。根据五行学说，西方属金，色白，故统称"白虎"，通常与东方的青龙对称，合称为"青龙白虎"。

骑白虎兔人

骑红虎兔儿爷　张旺　作　高 220mm

骑红虎兔儿爷　胡鹏飞　作　高 135mm

骑黑虎兔儿爷　胡鹏飞　作　高140mm

　　黑虎源自张天师的坐骑。张天师即张道陵，是道教正一道的祖师，东汉"五斗米道"的创始人，据说能道彻天地，降妖伏怪，驱神役鬼。历代民间多有信奉者，其造像多骑黑虎。兔儿爷骑黑虎则象征着具有天师般的法力。

黑虎兔儿爷　高135mm

　　黑虎几乎与黄虎一样普遍。在自然界中的黄虎身披黑色斑纹，兔儿爷骑的黑虎则以白色斑纹为装饰。这只黑虎彩绘绝佳，前肢仅以两黑色块完成，简练生动。

黑虎兔儿爷局部

黑虎兔儿爷　高 138mm

白象兔儿爷（正、背） 胡鹏飞 作 高135mm

老北京的传统兔儿爷，只有一支靠旗，北京有句歇后语："兔儿爷的旗子——单挑。"因兔儿爷是喜剧角色，常出现在京剧舞台的过场，它的伞盖也插在自己的腰上，以增加滑稽效果。当代兔儿爷多改为"双靠旗"，甚至出现了"四靠旗"。一是因为单靠旗失衡，不好看；二是因为有些艺人不了解老式兔儿爷的特点，以京剧舞台上的武生、武旦为蓝本，做成了对称的靠旗，今已蔚然成风。如果今后再出现单靠旗的作法，反而会被指为失误了。

骑白象兔儿爷　张旺　作　高 180mm

骑红象兔儿爷　胡鹏飞 作　高 140mm

　　红象是白象的演化品种，旧日有大红象，近年出现粉红象，本为偶然尝试之作，渐为群众接受，因而逐步普及，仿佛由来已久。这种现象反映了兔儿爷作为民间工艺所具有的自由空间，同时也反映了兔儿爷在传承演变过程中的变化规律。很多偶然的尝试，最终却成为新的品种。

骑红象兔儿爷　高 120mm

莲花座兔儿爷 高 160mm

　　这是一件仰瓣莲花座兔儿爷。旧日的兔儿爷神佛寓意浓厚，于中秋节供奉如仪，因此多模仿佛教造像特征。莲花座兔儿爷最为典型，直接将菩萨和诸佛的宝座移植给玉兔，反映了人们对兔儿爷的恭敬与尊崇。

莲花座兔儿爷　胡鹏飞　作　高 150mm

　　莲花座本为佛教造像的座位，源于印度的睡莲。传入中国后，造型愈加
饱满多变。莲花属佛家"八吉祥"之一，具"出五浊世而无所染者"的含义，
象征着纯洁与神圣，因此诸佛及菩萨多为莲花座。莲花座通常分为"仰莲"与
"覆莲"。这件兔儿爷的莲花瓣硕大而仰俯兼有，是对莲花夸张处理的结果。

牡丹座兔儿爷　高 135mm

　　牡丹座也叫"富贵托"，因牡丹为"富贵花"而得名。唐刘禹锡《赏牡
丹》云："唯有牡丹真国色，花开时节动京城。"欧阳修《洛阳牡丹记》说：
"天下真花独牡丹。"因此牡丹有"花中王"、"富贵花"之誉，通常以牡丹
象征"富贵"。兔儿爷采用牡丹座，是表现吉祥寓意的典型代表作。

牡丹座兔儿爷　胡鹏飞 作　高 135mm

荷叶座兔儿爷　高165mm

　　北京兔儿爷多由专业艺人制作，批量生产，投放中秋节市场。除此之外，也有许多业余爱好者自己动手制作兔儿爷。这种行为将他们对民间玩具的喜爱之情转化为自娱自乐的尝试。他们做的兔儿爷均不出售，用来赠送亲友或自家收藏赏玩。少数业余作者经过反复的创作之后，逐渐跻身专业队伍，成为民间泥塑艺术家。这件兔儿爷就出自业余爱好者之手，尽管技法不够熟练，彩绘亦有欠精美，但是真挚、稚拙的风貌却凸显作者对兔儿爷的喜爱。

骑麒麟兔儿爷　高136mm

麒麟是古代神话传说中的一种瑞兽，体型如麇，角如鹿，尾如牛，蹄如马，麟如鱼。居"麟凤龙虎龟"五灵之首。雄性为麒，雌性为麟。最早记载于《春秋》与《诗经》，是古人将备受珍爱动物的优点集中于一身的创作。也有人认为麒麟的原型来源于长颈鹿。

骑麒麟兔儿爷 高 190mm

　　古人认为麒麟"设武备而不为害"，被誉为"含仁怀义"的仁兽，受到历代宫廷的嘉许，并相信其与帝王兴衰相关。汉武帝曾建有麒麟阁，阁内绘功臣像以表嘉奖。现存南京的南朝帝陵前有石雕麒麟，是现存最早的麒麟立体形象。明代洪武二十年（公元1387年）定制，公、侯、驸马、伯穿麒麟和白泽补子。清代定制，镇国将军穿麒麟方补。在民间则常为儿童佩戴麒麟银锁，含有祈福和保佑的寓意。麒麟尚有定情信物的功能，《红楼梦》中"撕扇子作千金一笑，因麒麟伏白首双星"，说的就是史湘云有麒麟为护身符，并暗示其婚姻结果。

紫麒麟兔儿爷　胡鹏飞 作　高 135mm

绿麒麟兔儿爷　高 185mm

微型蓝麒麟兔儿爷　胡鹏飞 作　高 70mm

微型葫芦兔儿爷 胡鹏飞 作 高70mm

　　旧日没有葫芦座兔儿爷，这是近年来"吉兔坊"创始人胡鹏飞的创意。
他将八仙中李铁拐的法宝转移给兔儿爷，让葫芦漂浮于海浪之上，并绘有斗
方"福"字。这样，其寓意就更加丰富了。首先，在传统神话"八仙过海"
中，诸仙各显神通，到达彼岸，为王母娘娘庆寿，葫芦在此象征着祈祝长
寿。民间又以葫芦与"福禄"谐音构成"福禄双全"主题，此处在葫芦上加
写"福"字，无疑是这一主题的强化。

微型骑葫芦兔儿爷　胡鹏飞　作　高 70mm

　　民间对葫芦的喜爱已经使其成为吉祥物。旧日端午节，人们喜欢在门前挂葫芦，以此"收尽毒气，永保安康"。现在，各地民间工艺中的烫画葫芦、刻花葫芦、彩绘葫芦、轧花葫芦层出不穷，辽宁省葫芦岛市还创建了葫芦博物馆和葫芦研究中心，意在深入开发葫芦的文化内涵与经济价值，集中反映了中国民众对葫芦的珍爱。这件葫芦座兔儿爷与前件不同，下面不见海水，而是单纯的葫芦座，谐音取意，构成了"福禄双全"主题。

微型骑鹿兔儿爷 胡鹏飞 作 高 68mm

　　微型兔儿爷由单片模具翻印成型,背面基本为平面,两耳后安,通高不过70mm,固定在仿硬木底座上,上面罩有玻璃罩,形成了精巧、微缩的工艺效果,便于携带、保存。如今兔儿爷已经摆脱了节令和地区的约束,不再为中秋节独有,一年四季都可以买到兔儿爷。来京的旅游者也竞相选购兔儿爷,带至全国各地。微型兔儿爷集中反映了兔儿爷在当代的工艺品、旅游纪念品的新性能。

仿"团因"对兔儿爷　胡鹏飞　作　高200mm

　　江苏无锡的惠山泥人久享盛名，在泥娃娃类的彩塑中有一种"团阿福"，将阿福的外轮廓做成圆形，寓意团圆美满，一团和气。此类作品影响极大，继而出现了"团因"、"团如意"等题材，都是圆形的娃娃。这一对兔儿爷，吸收了"团阿福"的要素，以圆形构成外轮廓，同样象征着圆满与和睦，应该称之为"团兔儿爷"。

兔儿奶奶局部

骑虎兔儿爷和兔儿奶奶 胡鹏飞 作 高 185mm

　　中国民众喜欢为圣贤和神祇的造像增加配偶，如孔子、孟子也都配有夫人形象陪伴。兔儿爷自然不能例外，早在清代已产生了兔儿奶奶。这种作法体现出极为通俗的"人情味"，使兔儿爷增强了亲和力，与民众更为亲近。这一对兔儿爷夫妇是当代的产物，兔儿奶奶长睫毛、红脸蛋，女性特征极为鲜明。

骑黄虎兔儿爷和兔儿奶奶　胡鹏飞　作　高 190mm

成对兔儿爷　胡鹏飞　作　高190mm

新式兔儿爷

　　时代的发展与民俗的巨变，向兔儿爷的基本功能发起了挑战，旧日以兔儿爷祭月的习俗一去不复返。兔儿爷作为传统工艺品、老北京风物的价值逐渐上升为主导。因此，其旧有的内涵与表现形式必然发生转变。新时期的艺人们与时俱进，及时准确地捕捉到当代民众的审美需求，从而创造了"新式的兔儿爷"。这些作品反映了当代艺人丰富的想象力和崭新的观念；这些作品带有极其鲜明的时代特征，必将成为21世纪新式兔儿爷的奠基之作。

娃娃形新式兔儿爷 胡鹏飞 作 高 190mm

　　典型的新式兔儿爷。造型元素完全取自"洋娃娃"，头部与头饰占据了通体的三分之二，大眼睛、长睫毛、小嘴的特征，构成了可爱的胖娃娃。但是头上的两只兔儿耳朵和靠旗以及身上的大红袍又显示了兔儿爷的要素。虽是"兔儿爷"，却不是传统的表现形式。作者胡鹏飞捕捉到当代年轻人与当代儿童的审美趋向，大胆地创作了这种娃娃形兔儿爷，应属时代的必然产物。

娃娃形兔儿爷兔儿奶奶　胡鹏飞 作　高 135mm

　　这一对兔儿爷没有坐骑，没有底座，直立地面，却显得雍容华贵。脸面的
改进更为明显，下弯的笑眼已乐成了一条缝儿，三瓣嘴则两端上翘，一副志得
意满、幸福快乐的神情。较之庄重威严的老式兔儿爷更为可喜可爱。

娃娃形福字对兔儿爷　胡鹏飞　作　高136mm

娃娃形对兔儿爷　胡鹏飞　作　高135mm

　　这一对作品与其说是"兔儿爷与兔儿奶奶"，倒不如叫做"胖男孩与胖女孩"。不仅身形变化大，连耳朵都演变为大的头饰。这就是新式的兔儿爷。

娃娃形摇头兔儿爷 胡鹏飞 作 高 175mm

据作者胡鹏飞介绍，这件摇头兔儿爷，借鉴了陶瓷制作的同类作品。兔儿爷头部另做，装入身形上口，稍有震动则摇头晃脑，滑稽可笑。其原理是头悬挂在身形之中，因而会动。

娃娃形骑黄虎兔儿爷（正、背） 胡鹏飞 作 高 190mm

　　旧日兔儿爷没有正面骑兽的造型，均为横坐在动物的脊背上，兔儿爷正面朝前，坐骑侧面朝前，以保证主题的鲜明。今则不然，作者大胆地改进了传统形式，让兔儿爷正面骑坐在红老虎头上，两腿分左右做虚化处理，老虎也是正面朝前，结构极为新颖。头面开脸则吸收了泥娃娃的元素，大眼睛，红嘴唇，一改三瓣嘴模样，完全是个胖娃娃了。

娃娃形骑黑虎兔儿爷　胡鹏飞　作　高 150mm

　　这个娃娃有点不高兴，仿佛受了什么委屈，一副可怜又可爱的模样。这是
儿童中常见的表情。作者善于收集捕捉生活中的各种情绪，善于收集民众的审
美需求，因此才能创作出感动观众的优秀作品。

卡通形骑黄虎兔儿爷　高 110mm

　　改革开放以来，中国与世界的交流与日俱增，国外美术流派与美术思潮不断引进，异国他乡优秀的美术形式逐渐受到国人的喜爱。屡有吸收外来文化的美术创作佳作出现。卡通造型最早源于漫画，现愈见普及，具有以简寓繁，夸张放大事物的特点，表现为绘画的形式。这件兔儿爷就令人记起"迪斯尼"的某些造型，是兔儿爷吸收现代国外美术营养的代表作。

卡通形牡丹座兔儿爷　高 145mm

八旗兔儿爷　胡同张　监制

　　八旗兔儿爷是"胡同张老北京民间艺术馆"馆长张毓隽的创举。他依据清代籍制度制作了八种规格统一、形色不同的兔儿爷，意在突显老北京的特色和为世人瞩目的"皇家气象"。八种兔儿爷以旗色和服色为标志，共同构成了"八旗"阵营。

八旗兔儿爷中的正黄旗　张毓隽　作　高90mm

　　满八旗以"镶黄、正黄、正白"为上三旗，其余为"下五旗"。上三旗为内府三旗。后来又增加了"蒙古八旗"和"汉八旗"，合为二十四旗。加入旗籍的人俗称"旗人"。直至今天，北京地区还有很多"旗人"，均为二十四旗之后裔。八旗兔儿爷的造型出于同一种模具，即用一模印八次，出八个泥坯，上底色之后，采用了八种不同的彩绘纹饰，并装有八种不同旗色的靠旗，形成了"八旗"。各旗兔儿爷的装束与旗色都参考了北京故宫收藏的可靠资料。

八旗兔儿爷中的正红旗　高 90mm

八旗兔儿爷中的正蓝旗　高 90mm

八旗兔儿爷中的镶白旗　高 90mm

八旗兔儿爷中的镶蓝旗与镶红旗　高 90mm

直立型新式兔儿爷 高 255mm

　　这种直立的兔儿爷在以前的记
载中尚未出现，应当是近年的新创
意。以往的兔儿爷都有坐骑或底托，
本件作品却直接站在地上。造型一如
传统泥塑中"戏剧人物"的模式，红
袍加身，宽袍大袖，胸前露出铠甲的
"护心镜"，俨然是文官又兼武将的
身份。

直立型新式兔儿爷　垂杨柳郭先生 作　高230mm

直立型红袍兔儿爷　双起翔　作　高 260mm

新式兔儿爷和兔儿奶奶 高 190mm

　　这一对兔儿爷最早的创意，来源于江苏无锡惠山泥人厂。20世纪90年代，北京某食品厂欲在月饼盒中加装泥塑兔儿爷，便委托惠山泥人厂制作一批兔儿爷，因有此作。后来，这种造型被放大为一米多高的"对兔儿爷"，摆放在稻香村的所有连锁店中。与传统兔儿爷相比，本作品突出了修长直立的特点。

新式骑狮子兔儿爷　林爱幸　作　高 185mm

　　这件兔儿爷保持了老北京节令玩具的特征，继承了优秀的传统。坐下的狮子却采用了写实手法，改变了传统的写意手法。这做法有利于儿童识别其动物属性，更深入地理解兔儿爷象征神佛的意义。

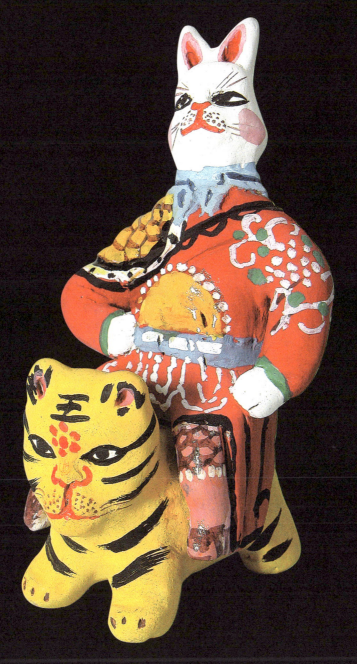

新式骑黄虎兔儿爷 王秀荣 作 高155mm

　　这也是一件具有独创意识的兔儿爷。作者是昌平区农民女艺术家王秀荣。
自20世纪80年代始，她便购买了韩增启的刀马人，开始自行仿制，逐渐掌握了
泥塑技法。她所做的泥人多以女性为题，表现手法质朴天真，形成了个人风
格。这件兔儿爷的独到之处是让兔儿爷真正骑坐在老虎的身上，一改横坐的风
格，其创意源自韩增启的系列泥塑"刀马人"。

新式黄虎兔儿爷 王秀荣 作 高 156mm

　　王秀荣的作品一律手捏成型，不用模具。这件黄虎兔儿爷由分别制作的老虎与兔组合而成，手法质朴、天真。虽然缺乏专业艺人的熟练与精细，却以自然纯朴的手法形成了独特的风格。

新式黄虎兔儿爷　张旺 作　高 270mm

　　张旺先生是河北蔚县人，早年曾以泥塑《西游记》脸谱享誉全国。蔚县是著名的民间美术之乡，以彩色窗花闻名世界。张旺先生有意将民间的窗花元素融入泥塑中，并进行了有益的尝试。这件黄虎兔儿爷是张先生近年的新作，造型敦厚饱满，轮廓圆润流畅。它的彩绘手法借鉴了蔚县窗花的造型特点，极富装饰性。

新式红虎兔儿爷　张旺　作　高 250mm

新式红虎兔儿爷　胡鹏飞 作　高 255mm

　　这是一件具有象征意义的兔儿爷。作者将旧式红老虎坐骑转化为虎头在下的独特造型，类似过去的虎皮靠背椅。虎皮椅是古代"山大王"具有标志等级的坐具，这件兔儿爷好像背靠着虎皮椅，因此具备了"山大王"的气度。它的彩绘色调和谐统一，朱红的袍，粉红的虎，赤金的铠甲与金冠共同构成了强烈的暖色调，渲染出喜庆隆重的气氛。

骑黑虎兔儿爷　胡鹏飞　作　高 120mm

双头象兔儿爷　胡鹏飞 作　高 35mm

　　象在中国传统文化中具有丰富的含义，"吉祥如意"、"万象迎新"、"太平有象"、"六国封相"等吉祥主题都离不开象。普贤菩萨的坐骑也是象。因此，很早以前的兔儿爷就骑坐在象的身上了。本件兔儿爷既继承传统又有所拓展，让兔儿爷坐在两只象的身上，并在两只象的头顶分别写下"吉"、"祥"二字，其主题愈显鲜明。

骑葫芦兔儿爷　胡鹏飞 作　高 135mm

葫芦兔儿爷　胡鹏飞 作　高 135mm

骑熊猫兔儿爷 林爱幸 作 高 185mm

　　骑熊猫兔儿爷是林爱幸的创举。作者注重采集民族特色鲜明的物象与兔儿爷结合，从而突出了中华民族的特征。熊猫作为国宝，已经成为中华民族的符号，在国际上久负盛名。兔儿爷的文化内涵却缺乏国际理解的背景，将二者结合之后，不仅突显了中国传统文化特色，而且体现了鲜明的时代特征。

骑熊猫兔儿爷局部

仿青花瓷兔儿爷　业余作者 作　高205mm

　　青花瓷以其素雅华丽的风韵征服了全世界，近年来它的身价倍增，正在被更广泛的领域应用。除了茶具、酒具等日用瓷，又出现了多种酒类以青花瓷为包装容器，还有不少药品的包装与食品的包装也采用了青花瓷。仿青花瓷的兔儿爷，正是在此背景下诞生的。可以想见，不久的将来有可能出现真正青花瓷的兔儿爷。

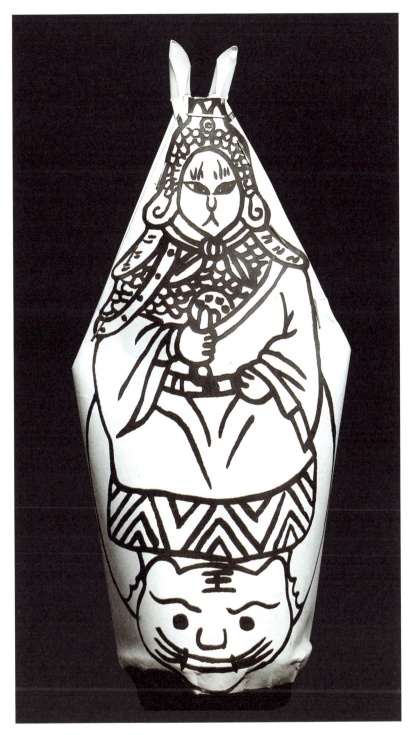

纸糊不倒翁兔儿爷　张毓隽 作　高200mm

　　这也是一个创举。用纸扎制成"兔儿爷"，下面装有泥制的半球形底托，上轻下重，推倒后在重力作用下会自动直立，并摇晃不已。这种形式有力地强化了兔儿爷的玩具功能。

摇鼓兔儿爷　胡鹏飞 作　高 55mm

　　摇鼓是传统民间玩具，在高粱秆上装有肖形泥鼓，并装鼓槌。持杆摇动，
"哗哗"作响。今将兔儿爷与摇鼓结合，制成"摇鼓兔儿爷"，可谓独出新意。

手臂活动的兔儿爷（正、背） 高 190mm

　　这是一件捣药兔儿爷，右手小臂另安，有线绳自背后引出，拉动线绳，小臂上下运动，形同捣药。可活动的兔儿爷在清代文献中已有记载，名为"呱嗒嘴兔儿爷"，是兔儿爷玩具性能的集中体现。

兔儿爷风筝 孔炳彰 作 高 550mm

　　孔炳彰是北京"曹氏风筝"第三代传人，其祖孔祥泽根据《废艺斋集稿》中的《南鹞北鸢考工志》重现"曹雪芹风筝"，并将其传承其子孔令民。孔炳章为孔令民之子，承继曹氏风筝传统，扎、绘皆能，更创新意，将兔儿爷扎成了风筝。这件是"硬拍子风筝"，即可谓"兔儿爷风筝"，也可谓"风筝兔儿爷"。

兔儿爷风筝 孔炳彰 作 高 600mm

孔炳彰的"兔儿爷风筝"不止一种,这件是"硬拍子风筝"。图案以传统
"万福流云"、"花开富贵"为背景,用黑、灰、绿色烘托出身着大红袍的兔
儿爷。于中秋节放飞天空,意味深长。

跋

　　北京工艺美术出版社出版这本书，不仅抓住了明年是"兔年"的契机，还抓住了今年中秋节的时机，争取此书在中秋节前上架。为了不误时日，大家努力工作，如期完成了各自的任务。但是，当此书清样送到手上时才发现，还有一些需要说明与解释的问题。

　　首先，是中秋节的起源问题。有人指出：唐代，政府已经确定八月十五为中秋节。此说以前也听说过，但因孤陋寡闻而未见文献。现在已无暇查证，只好把唐代确定中秋节一事加了"可能"二字。宋代，虽然也没有查到确定中秋节的政府文件，但在其他文献如《东京梦华录》、《梦粱录》中，"中秋节"的使用已很普遍。因此，宋代已确立中秋为节日已无疑。

　　今后将继续检索文献，进一步确定中秋节起源的准确年代。更希望见闻广博的读者指正错讹。

　　其次，关于中秋节期间，南北风俗的不同，在本书中也未能详述。原因是，除了北京之外，再没有于中秋将兔儿爷用为风物的地区。若单纯描述各地中秋风俗，则游离了本书的主题。

　　再次，兔儿爷的发展进步很快。在本书交稿后，北京地区稻香村食品店的100多家分店，都将胡鹏飞的"吉兔坊"海报摆入大堂，加强了宣传兔儿爷的力度，赢得了更多人的好奇与关注。"胡同张老北京民间艺术馆"馆长张毓隽举办的"中秋兔儿爷展"已经开幕，展出兔儿爷百余件。但是这新的进步却未及写进此书中，有理由相信北京兔儿爷的前景将更为广阔。

　　其他遗憾还有，不一一赘述，恳请读者多提意见。

编者

2010年8月30日